Evangelisch – Katholisch. *Muß das sein?*

Evangelisch – Katholisch
Muß das sein?

Was verbindet, was trennt

Herausgegeben von Heinz Glässgen

Herder Freiburg · Basel · Wien

Das Buch zur gleichnamigen NDR-Fernsehreihe

Dritte Auflage

Herstellung: Freiburger Graphische Betriebe 1989
ISBN 3-451-21060-6

Inhalt

Was verbindet, was trennt?

Zum Verhältnis der Kirchen aus evangelischer Sicht

Von Bischof Ulrich Wilckens

Will man das gegenwärtige Verhältnis zwischen der evangelischen und der römisch-katholischen Kirche richtig verstehen und einschätzen, so muß man zunächst einmal zurückschauen: Eine radikale Erneuerung der einen Christenheit an Haupt und Gliedern – das war das Ziel Martin Luthers und der anderen Reformatoren. Eine radikale Spaltung ist schließlich daraus geworden: zwei verschiedene Konfessionskirchen, die sich gegenseitig den wahren Glauben absprachen; zwei verschieden geprägte Lebenswelten und Lebensweisen, die sich – oft von Dorf zu Dorf – feindselig gegenüberstanden; zwei verschiedene „Menschentypen", die einander ablehnten und mißtrauten. „Evangelisch – Katholisch" – bis vor 50 Jahren war das noch der denkbar größte Gegensatz zwischen Deutschen und Deutschen, Europäern und Europäern.

Was sich daran inzwischen verändert hat, was da auf einmal nach 400jähriger Starre innerhalb weniger Jahrzehnte weltweit in Bewegung gekommen ist, das ist höchst erstaunlich und bemerkenswert. Es gibt gute Gründe, in dieser „ökumenischen Bewegung" der Kirchen aufeinander zu eines der großen Ereignisse unseres 20. Jahrhunderts, jedenfalls aber einen Wendepunkt in der Geschichte des Christentums zu sehen: ob von epochaler Bedeutung, das hängt davon ab, wie energisch diese Bewegung von beiden Seiten unterstützt und wie unbeirrbar sie mit Klugheit und Geduld in das nächste Jahrhundert hinein fortgeführt wird. Denn es gibt auf dem Wege zu einer vollen Gemeinschaft der Kirchen noch manche Blockaden und Hindernisse zu überwinden.

Es sind im wesentlichen drei Bereiche, in denen sich die Trennung zwischen den Kirchen entscheidend ausgewirkt und in denen sich die Bewegung zu neuer Gemeinschaft zu bewähren hat: 1. der Glaube; 2. die Frömmigkeit; 3. die Ordnung. Jeder Versuch einer gegenwärtigen Standortbestimmung muß sich daran orientieren.

1. Glaube und Glaubensgespräch

Der gemeinsame Glaube ist das Herz im Leben der Kirche. Denn es ist der eine, dreifaltige Gott, den über alle Dinge zu fürchten, zu lieben und zu vertrauen alles Leben der Kirche und der Christen in der Kirche ausmacht. Hier geht es schlicht um die Wahrheit. Darum war der Streit um zentrale Themen des Glaubens in der Zeit der Reformation von Anfang an ein Streit um letzte Wahrheiten; und als sich herausstellte, daß dieser nicht beizulegen war, führte dies zu gegenseitigem Ausschluß aus der wahren Kirche. Zwar hat es nie eine ausdrückliche „Verwerfung“ bzw. „Verdammung“ ganzer Kirchen gegeben; dazu war das Wissen darum, daß es nur eine Christenheit und also auch nur eine Kirche gibt und geben kann, auf beiden Seiten viel zu selbstverständlich und stark. Die gegenseitigen Verwerfungen betrafen nur bestimmte Lehren, die der einen Wahrheit widersprechen, bzw. einzelne Christen, die solche „Irrlehren“ vertreten oder ihnen anhängen. Und man hat immer gewußt und anerkannt, daß es daneben auch nach wie vor Grundlehren gibt, die nicht strittig sind. Aber faktisch bildete sich eben doch rasch die Vorstellung von zwei gegensätzlichen Kirchen mit zwei gegensätzlichen Glaubensweisen: einer katholischen und einer evangelischen. Noch heute wird in Fachkreisen darüber diskutiert, ob es eine „Grunddifferenz“ gebe, die sich durch alles hindurchziehe, was in der evangelischen und in der katholischen Kirche jeweils im einzelnen gelehrt wird.

Nun haben aber die mancherlei Glaubensgespräche zwischen beiden Kirchen auf verschiedenen Ebenen ergeben, daß sich in ehemals zentralen Streitpunkten heute Möglichkeiten einer wirklichen Verständigung abzeichnen. Dazu trägt vor allem bei, daß man es gelernt hat, sowohl die Bibel im ursprünglich gemeinten Sinn wie auch die theologischen Positionen der Reformation und Gegenreformation vorurteilsfreier wahrzunehmen, so daß sich hier weitgehende Übereinstimmungen in der Auslegung und Beurteilung herausgebildet haben. Von großer Bedeutung ist auch, daß sich das ganze Weltbild und die Weise, zu denken und zu sprechen, seit der Reformationszeit wesentlich verändert haben. Vor allem aber: Es ist ein Wille da, sich zu verständigen und zusammenzufinden.

Die Ergebnisse dieser Glaubensgespräche sind in einer Reihe gemeinsam herausgegebener Schriften beschrieben. Man findet sie gesammelt in dem Buch „Dokumente wachsender Übereinstimmung", herausgegeben und eingeleitet von H. Meyer, J. J. Urban und L. Vischer, Verlag Bonifatius-Druckerei, Paderborn / Verlag Otto Lembeck, Frankfurt/M. (1983). Eine sehr gute, auch für Nichtfachleute lesbare Zusammenfassung des letzten Standes ist jüngst in der Schrift „Kirchengemeinschaft in Wort und Sakrament", Bonifatius-Druckerei, Paderborn / Lutherisches Verlagshaus, Hannover (1984) erschienen.

Der erste Besuch von Papst Johannes Paul II. in Deutschland 1980 hat den Anstoß zu einem weiteren wichtigen Schritt gegeben. Es wurde vereinbart, offiziell zu überprüfen, ob die gegenseitigen Lehr-Verurteilungen aus der Reformations- und Gegenreformationszeit die gegenwärtige Lehre der jeweiligen Partnerkirche noch treffen. Denn diese Verurteilungen sind in beiden Kirchen noch heute in Kraft und bilden das gravierendste Hindernis auf dem Wege zu einer engeren Gemeinschaft. Inzwischen liegt das Ergebnis vor in dem Band „Lehrverurteilungen – kirchentrennend?", herausgegeben von K. Lehmann und W. Pannenberg, Verlag Herder, Freiburg-Br. / Verlag Vandenhoeck und Ruprecht, Göttingen (1986). Der 1946 gegründete „Ökumenische Arbeitskreis evangelischer und katholischer Theologen" hat sich, unter Hinzuziehung weiterer namhafter Professoren, in fünfjähriger, sehr intensiver Forschungs- und Diskussionsarbeit dieser Aufgabe gestellt.

Hier sind alle Verurteilungen zu den wichtigsten Streitthemen des 16. Jahrhunderts behandelt worden:

– zur Lehre von der Rechtfertigung des Sünders mitsamt aller damit zusammenhängenden Fragen von Erbsünde, Taufe, Glaube, Buße, „Verdiensten“ und guten Werken;

– zur Lehre von den Sakramenten, vor allem der Eucharistie mitsamt den Streitfragen um „Wandlung“ und reale Gegenwart Christi, um den Opfer-Charakter der Messe und um den stiftungsgemäßen Gebrauch des Abendmahls, aber auch zur Lehre von denjenigen Sakramenten, die nur in der katholischen Kirche als Sakramente gelten;

– schließlich zur Lehre vom kirchlichen Amt, vor allem vom Bischofsamt, und vom Verständnis der Ordination.

Das Ergebnis ist: Nicht wenige dieser bislang entscheidenden Streitpunkte stellen sich heute so anders dar, als sie im 16. Jahrhundert aufgefaßt worden sind, daß die Verurteilungen von damals heute nicht mehr zutreffen – jedenfalls nicht so gewichtig, daß deswegen die Kirchen aus Glaubensgründen voneinander getrennt bleiben müßten. Die 1980 eingesetzte „Gemeinsame Ökumenische Kommission“ hat dieses Ergebnis „mit Dank entgegengenommen“ und den Band den beiden Kirchen zur Prüfung und Stellungnahme übergeben – mit der Bitte, „verbindlich auszusprechen, daß die Verwerfungen des 16. Jahrhunderts den heutigen Partner nicht mehr treffen, insofern seine Lehre nicht von dem Irrtum bestimmt ist, den die Verwerfung abwehren wollte“. Das heißt: Die Verurteilungen sollen nicht zurückgenommen, wohl aber für die Gegenwart entschärft werden; als Mahnung und Warnung bleiben sie bestehen.

Wenn die Kirchen nun demnächst tatsächlich dies in aller Form erklären würden, dann würde das zweifellos eine erhebliche Revision ihres Verhältnisses zueinander bedeuten. Gewichtige Gründe, wegen Glaubensdifferenzen getrennt bleiben zu müssen, würden ausgeräumt, das gemeinsame Ziel einer wirklichen Gemeinschaft zwischen unseren Kirchen, vor allem in der Eucharistie, wäre nähergerückt. Aber: Eine volle Glaubensgemeinschaft wäre dies noch nicht! Dazu bedarf es noch einer entsprechenden Aufarbeitung der Lehrgegensätze, die im 19. und 20. Jahrhundert noch hinzugekommen sind, vor allem im Blick auf das Papstamt sowie die Lehre von der Gottesmutter Maria, wie sie durch Dogmen festgelegt und in den Konstitutionen und Dekreten des Zweiten Vatikanischen Konzils verbindlich dargelegt worden sind.

Diese und manche anderen Lehrunterschiede münden ein in die wohl wichtigste, noch nicht hinreichend geklärte Frage: nämlich die nach dem Verständnis der Kirche. Hier gibt es nach wie vor verschiedene Ausgangspunkte bzw. „Eckdaten". Nach evangelischer Lehre ist es zur wahren Einheit ausreichend, in der rechten Predigt des Evangeliums und im stiftungsgemäßen Gebrauch der Sakramente übereinzustimmen; Ordnungen des kirchlichen Lebens muß es zwar geben, aber sie sind grundsätzlich veränderbar. Eine bestimmte Rechtsgestalt der Kirche als allein und definitiv verbindlich anzusehen ist evangelischer Kirchenlehre fremd. Eben dies aber gehört zum Wesen katholischen Kirchenverständnisses. Darum muß die katholische Kirche auf der hierarchischen Stufung ihrer Ämter bestehen und steht so hinsichtlich des ökumenischen Zieles einer Anerkennung der Ämter der evangelischen Kirche vor ungleich größeren Schwierigkeiten als entsprechend umgekehrt die evangelische Kirche.

Daraus ergeben sich Folgen für die Praxis des Umgangs der Kirchen miteinander, die das Verhältnis zwischen ihnen nach wie vor schwer belasten: Die katholische Kirche läßt eine – auch nur gastweise – Teilnahme von Katholiken am evangelischen Abendmahl oder umgekehrt von evangelischen Christen an der katholischen Eucharistie nicht zu, weil sie das Amt der evangelischen Kirche meint nicht anerkennen zu können; und ohne die Leitung eines im katholischen Sinne geweihten Priesters ist nach katholischer Lehre eine Abendmahlsfeier nicht eine gültige Eucharistiefeier. Das bedeutet vor allem für die vielen konfessionsverschiedenen Ehepaare, daß eine wechselseitige Teilnahme am Abendmahl der jeweils anderen Kirche nicht gestattet wird, während umgekehrt die lutherischen Kirchen von ihrer Lehrvoraussetzung her einer solchen gastweisen Teilnahme an der Kommunion ihre Zustimmung geben können und in aller Form dazu einladen. Das ist für kirchentreue Partner einer solchen Ehe eine Not, die sie belastet, ja quält.

Es stellt sich allerdings die Frage, ob nach einer beidseitigen Annahme der Ergebnisse des Dokuments über die Lehrverurteilungen die Übereinstimmung im eucharistischen Glauben und die Annäherung in der Lehre vom kirchlichen Amt für so gewichtig eingeschätzt wird, daß daraufhin dann auch katholischerseits die Tür für solche gastweise Teilnahme am Altarsakrament geöffnet wird.

Das ist freilich andererseits nur unter der Voraussetzung erwartbar, daß sich die evangelischen Kirchen in Lehre und Praxis ihrer Abendmahlsfeiern streng an ihre eigene Bekenntnis-Grundlage und an die Ordnung halten, wie sie sie in den verschiedenen zwischenkirchlichen Glaubensgesprächen der katholischen Kirche dargelegt haben; und entsprechend umgekehrt. Nur wenn beide Kirchen sich auf die Einhaltung dessen, was sie einander dargelegt haben, verlassen können, kann sich jenes besondere ökumenische Vertrauen einstellen, dessen es bedarf, um Türen zu öffnen, die bislang geschlossen bleiben mußten, und Grenzen durchlässiger werden zu lassen, die bisher als unpassierbar gegolten haben.

2. Frömmigkeitstraditionen und Frömmigkeitsstile

Für die große Mehrzahl der evangelischen und katholischen Christen sind die Unterschiede zwischen ihren Kirchen ungleich deutlicher im Bereich der Frömmigkeitstraditionen zu erkennen und zu erfahren. Zwar sind auch hier innerhalb der letzten Jahrzehnte Veränderungen geschehen, die große ökumenische Wirkung haben: Vor allem die Reform der katholischen Meßfeier nach dem Zweiten Vatikanischen Konzil, die Einführung der deutschen Sprache, die überall durchgeführte Reform der Predigt, der gemeinsame ökumenische Wortlaut des Vaterunsers und des Glaubensbekenntnisses, das gemeinsame Liedgut nach Einführung des „Gotteslobes“ haben erheblich dazu beigetragen, daß die beiden Kirchen gemeinsamen Teile des Gottesdienstes für alle sichtbar und erlebbar geworden sind. Und das gilt in dem Maße, in dem umgekehrt in den evangelischen Kirchen der Trend anhält, das Abendmahl häufiger und in enger Verbindung mit dem Wortgottesdienst zu feiern, so daß Katholiken beim Besuch des evangelischen Gottesdienstes erleben können, was viele früher weder erlebt noch auch für möglich gehalten haben: daß hier der Eucharistie eine ebenso zentrale Bedeutung zukommt wie in ihrem katholischen Gottesdienst. Würde es im selben Ausmaß auch in immer mehr katholischen Gemeinden üblich werden, das Abendmahl „in beiderlei Gestalt“ zu feiern, das heißt den Gläubigen auch die Kelch-Kommunion anzubieten, wie dies seit dem Zweiten Vatikanischen Konzil möglich ist, so würde dies umgekehrt auch bei evangelischen Christen den Eindruck der Gemeinsamkeit zwischen den Kirchen deutlich verstärken. Immerhin galt jahrhundertelang die Kelchkommunion als das typische Kennzeichen der evangelischen Abendmahlsfeier im Gegenüber zur katholischen Messe!

Doch gibt es nun im Bereich der Andachten und der häuslich-privaten Frömmigkeit immer noch so viele und charakteristische Unterschiede, daß hier „Evangelisch – Katholisch“ im Sinne einer verschiedenen Kultur augenfällig ist. Zu nennen ist vor allem die Marienfrömmigkeit und allgemein die Heiligenfrömmigkeit. Zu nennen ist auch immer noch die Ohrenbeichte, obwohl sie auf katholischer Seite als Volkssitte abnimmt und auf evangelischer Seite sich ein Bedürfnis nach Möglichkeiten individueller Beichte neu bemerkbar macht. Zu nennen ist schließlich und nicht zuletzt die ausgeprägtere Kirchlichkeit im Frömmigkeitsleben des einzelnen Katholiken gegenüber dem ungleich höheren Anteil von Kirchendistanz und Privatisierung der Frömmigkeit auf evangelischer Seite. Aber auch hier gibt es einen entsprechenden Abbröcklungseffekt im Bereich katholischen Volkskirchentums, so daß die Notwendigkeit missionarischer Anstrengungen im eigenen Umfeld und die Neigung zu einer „bekenntniskirchlichen" Verdeutlichung und Straffung des Gemeindelebens im Unterschied zu einer allzu unverbindlichen „volkskirchlichen" Traditionalität zusehends beiden Kirchen gemeinsame Züge gibt. Denn in beiden Kirchen fehlt es, was den Ist-Stand persönlich-aktiver Beteiligung an den kirchlich vorgegebenen Lebensformen christlichen Glaubens betrifft, nicht nur an regelmäßiger Teilnahme am sonntäglichen Gemeindegottesdienst, sondern auch an lebendigen Formen häuslich-familiärer Frömmigkeit im alltäglichen Zusammenleben.

3. Die Ordnungen kirchlichen Lebens

Nach wie vor gibt es in den Ordnungen kirchlichen Lebens besonders spürbare Differenzen. Das Selbstverständnis der katholischen Kirche als hierarchisch strukturierter Rechtsgemeinschaft mit einer engen Verbindung des geistlichen mit dem rechtlichen Charakter schlägt sich, für jeden katholischen Christen am eigenen Leibe spürbar, in einer Fülle von Rechtsverbindlichkeiten nieder. Der sozusagen mehr ‚weltliche' als geistliche Charakter der Ordnungen evangelischen Kirchentums macht sich auf evangelischer Seite in einer Neigung zu ‚Bürokratie' einerseits und ‚Demokratie' andererseits sowie in dem verbreiteten Gefühl einer letzten Unverbindlichkeit kirchlicher Ordnungen für den einzelnen Christen bemerkbar. Die im Laufe des 19. Jahrhunders entstandene synodale Struktur des kirchlichen Lebens auf allen Ebenen hat entscheidende Mitwirkungsrechte von Laien im Zusammenhang von Gemeinde- und Kirchenleitung Tradition werden lassen, die der katholischen Kirche in diesem Verständnis und Ausmaß unbekannt ist, obwohl auch sie auf ihre Weise seit dem 19. Jahrhundert eine möglichst breite Mitwirkung ihrer

Laien gefördert und organisiert hat. Ob in Zukunft die Entwicklung des neuen Instruments der regelmäßigen Diözesansynoden eine gewisse Annäherung zwischen den Kirchen in der Entwicklung eines gesamtkirchlichen Verantwortungsbewußtseins der Laien fördern wird, wie es die immer gleichartigere Entwicklung der Institution des Kirchentags bzw. des Katholikentags bereits weithin erbracht hat, ist noch nicht abzusehen.

Ein Unterschied zeigt sich auch immer noch im Verhältnis zwischen Kirche und Staat. Die Kulturkampf-Erfahrung hat der katholischen Kirche und dem katholischen Bewußtsein insgesamt ein Maß an Unabhängigkeit und Eigenständigkeit katholischen politischen Willens erbracht, der sich sowohl institutionell in der Rechtsstellung aufgrund der verschiedenen Konkordate, wie auch politisch in der Einwirkung auf die politische Willensbildung in der Bewertung der politischen Parteien und in mannigfaltiger Organisation katholischer Interessenverbände bis heute auswirkt. Noch in der Zeit der Neuordnung des Staates nach 1945 gab es im politischen Bereich mancherlei konfessionell bedingte Konkurrenzen, die in der Gründung der CDU als einer in gleichem Ausmaß katholischen wie evangelischen Christen offenstehenden „Volkspartei" aufgefangen und zu einem guten Teil abgebaut werden konnten. Das Wiedererstehen eines Gegenübers katholischer und evangelischer politischer Parteien ist so verhindert, die Ausbildung eines ‚ökumenischen' Bewußtseins im politischen Raum gefördert worden. Daran hat längst auch die SPD, in geringerem Ausmaß die F.D.P., Anteil.

Die evangelische Kirche leidet immer noch unter ihrer jahrhundertelangen festen Einbindung in den Staat in den protestantischen Territorien, insbesondere in den preußischen Gebieten. Erst seit dem Ende des Ersten Weltkriegs ist die Kirche prinzipiell vom Staat unabhängig geworden. Die Landeskirchen blieben zwar in ihrem traditionellen Bestand erhalten; sie mußten sich aber eigenständige Verfassungen geben. Bis diese tiefgreifende Veränderung ihrer institutionellen Gestalt im politischen Bewußtsein des Protestantismus wirklich durchgedrungen ist, dauerte es seine Zeit. Die Zeit des Nationalsozialismus förderte ebenso Regressionen in Gestalt von breiter Bereitschaft, sich wieder in ein Staatskirchentum einfügen zu lassen, wie auch die Entwicklung eines von Grund auf selbständigen politischen Bewußtseins im Lebenszusammenhang der „Bekennenden Kirche"; und dies war dann nach 1945 der Erfahrungshintergrund für den Neubau der Kirchenverfassungen und kirchlichen Lebensordnungen, worin die Trennung von Kirche und Staat von seiten der Kirche selbst nunmehr wirklich gewollt wurde. Die lutherische Zwei-Reiche-Lehre gewinnt hier, im Rahmen des demokratischen Rechtsstaats, eine neue Gestalt und Bedeutung. Zugleich aber wirken sich auch Motive aus den Erfahrungen der Auseinandersetzung mit dem NS-Staat in einer Tendenz zu einem wachsam-kritischen Gegenüber auch zum demokratischen Staat, zuweilen sogar in Neigungen zu einer Widerstandsmentalität aus. Aufs Ganze gesehen muß wohl gesagt werden, daß der Protestantismus und die evangelischen Landeskirchen ein eigenes, evangelisches politisches Profil noch nicht gefunden haben; und aus diesem Mangel resultieren eine gewisse Uneinheitlichkeit und Schwäche, die sich im Verhältnis zur katholischen Kirche mit ihrem ungleich gefestigteren, profilierteren, wenn freilich auch weniger breit vermittlungsfähigen politischen Selbstverständnis, bei allem Willen zu möglichst breiter Zusammenarbeit auf beiden Seiten, in einer untergründigen Unsicherheit bemerkbar machen, aus der für das ökumenische Verhältnis zwischen beiden Kirchen einmal Gefahren erwachsen könnten.

Aufs Ganze gesehen aber ist beiden Kirchen wohl bewußt, daß es zur ökumenischen Annäherung im Grunde keine Alternative gibt. Die vielerlei tiefgreifenden Probleme des Christentums in der Welt des ausgehenden zweiten Jahrtausends werden nur im Zusammengehen gelöst und die großen Mitwirkungsaufgaben, die der Kirche in unserer säkularisierten Gesellschaft sowie auch beim Aufbau einer neuen Nord-Süd-Weltordnung zufallen, nur von einer geeinten Christenheit erfüllt werden können. Nicht nur nach rückwärts, um die Erblast der Kirchentrennung loszuwerden, sondern auch nach vorwärts in die Zukunft hinein ist die ökumenische Bewegung der Kirchen aufeinander zu schlicht notwendig. Vor allem aber ist es der Herr der Kirche selbst, der zur Einigung seiner Kirche keine Alternative zuläßt und alle Kräfte wachruft, das Ziel der vollen Kirchengemeinschaft zu verwirklichen: „Alle sollen eins sein: Wie du, Vater, in mir bist und ich in dir bin, sollen auch sie in uns sein, damit die Welt glaubt, daß du mich gesandt hast“ (Joh 17,21).

Was uns eint – was uns trennt

Zum Stand des ökumenischen Gesprächs aus katholischer Sicht

Von Walter Kasper

Die ökumenische Bewegung ist dem Antlitz der Kirche unseres Jahrhunderts unauslöschlich eingeprägt. Vermutlich wird die spätere Geschichtsschreibung einmal wenig Großartiges über unser von so vielen Greueln erfülltes 20. Jahrhundert zu berichten wissen. Die ökumenische Bewegung dagegen, welche sich aufmacht, die fast 1000jährige Trennung von den Kirchen des Ostens und die nunmehr 450 Jahre dauernde Spaltung der Kirche des Westens zu überwinden, gehört zur positiven Bilanz des rasch seinem Ende zu eilenden Jahrhunderts.

1. Was uns eint

Noch hat diese Bewegung ihr Ziel, die sichtbare Einheit der getrennten Kirchen, nicht erreicht. Was in Jahrhunderten an Gräben aufgeworfen wurde, läßt sich nicht in wenigen Jahrzehnten zuschütten. Als wichtigstes Ergebnis der ökumenischen Neubesinnung läßt sich festhalten: Wir gehen heute in unserem eigenen Verständnis wie im Verhältnis zu den anderen Kirchen nicht mehr von den sogenannten Unterscheidungslehren aus, sondern von dem gemeinsamen Erbe. Dabei ist uns bewußt geworden, daß das, was uns eint, mehr ist, als was uns trennt.

Uns eint das Bekenntnis zu dem einen Gott in drei Personen, dem einen Schöpfer und Herrn aller Wirklichkeit und dem einen Vater aller Menschen. Das ist nicht wenig in einer weithin säkularisierten Welt, welche den Sinn für Gott verloren hat. Uns eint das Bekenntnis zu dem einen Herrn Jesus Christus, dem für uns Mensch gewordenen, gekreuzigten und auferstandenen Sohn Gottes und dem einen und einzigen Mittler des Heils. Das ist nicht wenig in einer Welt, welche heute, wie selten zuvor, ihre Heillosigkeit erfährt. Uns eint schließlich das Bekenntnis zum einen Geist Gottes, der uns durch die eine Taufe verbindet in einer Hoffnung, wie sie uns durch die uns gemeinsame Schrift des Alten und des Neuen Bundes bezeugt und durch das uns gemeinsame Glaubensbekenntnis der ersten Konzilien ausgelegt wird. Das ist wiederum nicht wenig in einer Welt, die hinsichtlich der Grundfragen des Menschseins zerklüftet und zerstritten ist.

Die Trennungen, so schmerzlich sie sind, sind also nicht bis in die Wurzel gegangen. Die Einheit unter den Christen ist nicht nur ein Ziel, das wir erst anstreben; sie ist eine in Jesus Christus in grundlegender Weise schon gegebene und geschenkte Wirklichkeit. Wir beten schon zum einen gemeinsamen Vater und sagen dabei „unser Vater". Wir sind schon Glieder einer einzigen Familie. Wir sind schon Brüder und Schwestern in Jesus Christus. Die eigentlichen Unterschiede laufen nicht zwischen katholischen, orthodoxen und evangelischen Christen, sondern zwischen denen, die sich zu Jesus Christus bekennen, und denen, welchen dieser Glaube nicht geschenkt wurde.

Doch damit nicht genug. Die ökumenische Bewegung unseres Jahrhunderts hat nicht nur die im Grunde schon immer bestehende, wenngleich wenig bewußte und ausgesprochene Einheit wieder ins Licht des Bewußtseins gehoben. Sie hat darüber hinaus auch ganze Schuttberge von psychologischen und soziologischen Barrieren abgebaut und auf allen Ebenen zu vielfältigen Begegnungen, ja zu Freundschaften zwischen Christen unterschiedlicher Kirchen geführt. Ökumenische Kontakte und ökumenische Zusammenarbeit gehören heute zum normalen Leben wohl jeder Pfarrgemeinde und aller Kirchenleitungen. Hinter die dabei gemachten Erfahrungen können und wollen wir nicht mehr zurück.

Theologisch ist es gelungen, eine Vielzahl von bislang trennenden Unterscheidungslehren aufzuarbeiten und dabei zu Konsensen oder zumindest Konvergenzen zu kommen. Nur zwei seien ausdrücklich genannt: die Verständigung über die Grundfrage des 16. Jahrhunderts, die Rechtfertigung aufgrund des Glaubens und das gemeinsame Priestertum aller getauften Christen. Die viel gelesenen Dokumente „Das Herrenmahl“ und „Das geistliche Amt in der Kirche“ sowie die Lima-Dokumente lassen weitere Punkte der Einigung bzw. der Annäherung erkennen. Diese und viele andere Ergebnisse wurden nochmals bestätigt und zusammengefaßt von dem Ökumenischen Arbeitskreis, welcher im Auftrag der anläßlich des ersten Deutschlandbesuches des Papstes gegründeten Ökumenischen Kommission die gegenseitigen Verwerfungen des 16. Jahrhunderts untersuchte und dabei zu dem Ergebnis kam, daß manche Verwerfungen schon von Anfang an auf Mißverständnissen beruhten, viele andere den heutigen Partner nicht mehr treffen, andere freilich nach wie vor Probleme aufgeben und als noch nicht bereinigt angesehen werden können.

Die noch bestehenden Schwierigkeiten sollten uns angesichts des Erreichten nicht entmutigen. Niemand hätte es sich vor 30 Jahren auch nur träumen lassen, was heute ökumenisch wirklich und was morgen möglich erscheint. Die in dieser Bewegung zutage getretene Dynamik des Heiligen Geistes wird uns auch weitertragen, wenn wir nur selbst geduldig weiter darum beten und weiter arbeiten.

2. Was uns noch trennt

Am deutlichsten liegen die noch bestehenden Unterschiede beim Amtsverständnis zutage. Das Problem zeigt sich in vielen Fällen schon auf der Ebene des Pfarramtes (Ordination im Sakrament?) und des Bischofsamtes (apostolische Nachfolge im Bischofsamt). Es spitzt sich in besonders dringlicher Weise zu in der Frage des Petrusamtes und der beiden Dogmen des Ersten Vatikanischen Konzils über den Jurisdiktionsprimat des Papstes und die Unfehlbarkeit feierlicher und letztverbindlicher päpstlicher Glaubensentscheidungen. Zwar erheben die evangelischen Kirchen heute im allgemeinen nicht mehr den Vorwurf des Antichrists gegen das Papsttum; sie können sich um der Einheit der Kirche willen auch eine auf „menschlichem Recht“ beruhende Gemeinschaft mit einem tiefgreifend erneuerten Petrusamt vorstellen. Aber sie können, ebensowenig wie die orthodoxen Kirchen, das Petrusamt nicht als konstitutives Zeichen und Band der Einheit der Kirche und noch weniger die beiden genannten Papstdogmen als verbindlich anerkennen.

Das zeigt, daß es in der Amtsfrage nicht nur um äußere Strukturfragen geht, sondern um Wesen und Gestalt der Kirche und ihrer Einheit. In der Amtsfrage geht es um die Kirchenfrage. Wenn für Katholiken der Papst das konstitutive Zeichen, der Sprecher und der namentlich verantwortliche Zeuge der Einheit ist und wenn die orthodoxen und die evangelischen Christen eben dieses Verständnis der Einheit der Kirche ablehnen, dann heißt das im Klartext, daß die Zielperspektive der ökumenischen Einheit, das konkrete Verständnis der sichtbaren Einheit bislang noch kontrovers ist. Zwar gehört heute auch für die katholische Kirche die Zielvorstellung einer schlichten Rückkehr der nichtkatholischen Christenheit in den Schoß der römisch-katholischen Kirche, so wie diese sich heute darstellt, der Vergangenheit an. Wir sind uns heute einig darin, daß die größere Einheit nur eine communio-Einheit als Einheit in der Vielfalt sein kann. Die katholische Kirche ist aber der Überzeugung, im Petrusamt eine wichtige, wesentliche, alle bereichernde Mitgift in diese künftige volle Einheit einbringen zu können. Wenn und insofern die evangelische Christenheit das Papsttum ablehnt, ist sie damit noch nicht der Frage enthoben, in welcher Weise sie selbst zu verbindlichen Entscheidungen auf gesamtkirchlicher Ebene kommt (etwa bezüglich der vorliegenden Konsensdokumente). Geht das ohne ein konkretes Zeichen, ohne einen verantwortlichen Sprecher und Sachwalter dieser Einheit?

Diese Frage führt uns erst zum eigentlichen Differenzpunkt, welcher „hinter“ der Amts- und der Kirchenfrage steht. Wir sind uns einig darin, daß Jesus Christus allein Mitte und Grund der Kirche und ihrer Einheit ist. Er muß in der Kirche das erste und das letzte Wort haben. Über das Daß besteht keinerlei Streit. In Frage steht allein das Wie. Wie spricht und handelt Jesus Christus in der Kirche heute? In welcher Weise sind Menschen und menschliche Institutionen, konkret: Sakramente und Ämter, in die Heilsvermittlung einbezogen? Die Frage ist, wie schon der große Johann Adam Möhler erkannte, die Stellung des Menschen im Prozeß der Heilsvermittlung.

Diese Frage wurde im 16. Jahrhundert exemplarisch anhand der Frage der Bedeutung der guten Werke für das Heil des Menschen diskutiert. Darüber sind wir uns heute im wesentlichen einig. Doch für Luther war dies keine Frage neben vielen anderen Fragen, sondern die Frage, mit der die Kirche steht und fällt. Die Frage der Mitwirkung des Menschen hat deshalb Konsequenzen auch für die Kirche und die Bedeutung ihrer Sakramente und Ämter. Nach katholischem Verständnis ist die konkrete Kirche zwar keineswegs die Heilswirklichkeit selbst, aber sie ist unabdingbares Zeichen und Werkzeug des Heils, theologisch gesprochen: universales Sakrament des Heils. Die orthodoxen Christen werden darin grundsätzlich übereinstimmen, während die protestantischen Theologen zumindest zögern zu sagen, daß Christus nicht nur in der Kirche, sondern auch durch die konkrete Kirche wirkt. Die Kontroverse um das Petrusamt ist die konkrete Zuspitzung dieses Problems.

Wir können in diesem Zusammenhang nicht auf die weitere Frage eingehen, ob und inwiefern dieser Differenzpunkt seine letzte Wurzel in der Christologie hat, nämlich in der Frage nach der aktiven Heilsbedeutung der Menschheit Jesu selbst. Wir müssen uns darauf beschränken, auf eine weitere konkrete Konsequenz hinzuweisen, in der noch immer nicht überwundene Schwierigkeiten bestehen: die Frage der Heiligen-, besonders der Marienverehrung.

Katholische, orthodoxe und evangelische Christen sind sich einig oder können es zumindest sein, ohne das Geringste ihrer eigenen Tradition aufzugeben, daß die Heiligen, besonders Maria, die Mutter des Herrn, wichtige Zeichen und Zeugen, leuchtende Vorbilder des christlichen Glaubens und des christlichen Lebens sind. Sie haben das Wort Gottes nicht nur im Munde geführt und anderen gepredigt, sondern es in ihrem Leben verwirklicht und durch ihr Sterben beglaubigt. So sind sie eine lebendige Auslegung des Evangeliums. Der Kontroverspunkt zwischen katholischen und orthodoxen Christen einerseits und den evangelischen Christen andererseits bezieht sich jedoch auf die Frage, ob wir die Heiligen um ihre Fürsprache bei Gott anrufen dürfen. Katholische und orthodoxe Christen sind davon überzeugt, sie praktizieren dies fast selbstverständlich, und sie machen dabei die Erfahrung, daß sie solche Marien- und Heiligenverehrung, sofern sie gesund ist und sich nicht zu Übertreibungen hinreißen läßt, nicht etwa von Jesus Christus entfremdet, sondern enger mit ihm verbindet. Evangelische Christen dagegen befürchten, daß damit die Wahrheit von dem einen und einzigen Mittler des Heils, Jesus Christus, verdunkelt wird.

So ist die Stellung des Menschen vor Gott und die Bedeutung menschlichen Mittuns, des Mittuns auch von menschlichen Institutionen für das eigene Heil und für das Heil anderer Menschen eine noch nicht ausdiskutierte Frage zwischen den Kirchen. Dies ist keine Rand- und Nebenfrage, sondern eine Frage, über die es sich wahrlich noch zu diskutieren und, wenn es sein muß, auch kontrovers zu diskutieren lohnt! Dies schon deswegen, weil die Unterschiede im „Menschenbild“ sehr oft zu unterschiedlichen ethischen und politischen Optionen führen, welche, auch wenn sie nicht unmittelbar Glaubensfragen sind (oder zumindest nicht dazu gemacht werden sollten), in der Praxis des Lebens uns gegegenseitig befremden und entfremden.

3. Wie kommen wir weiter?

Es ist verständlich, daß viele ökumenisch Engagierte gegenwärtig ungeduldig werden angesichts der noch immer nicht geklärten Fragen. Vor allem die noch immer bestehende Trennung am Tisch des Herrn ist im Blick auf den Willen Jesu Christi, daß alle eins seien, im Blick auf unsere heutige Welt und die Glaubwürdigkeit der Kirchen in der Welt und nicht zuletzt im Blick auf die vielen konfessionsverschiedenen Ehen und Familien in der Tat ein Skandal, mit dem sich niemand abfinden darf.

Eins hilft jedoch bestimmt nicht weiter. Es hilft nicht weiter, die Probleme wegzuschieben, zu schimpfen und dabei die Schuld immer nur bei den anderen zu suchen. Es hilft aber auch nicht weiter, die Augen vor den noch bestehenden Problemen zuzumachen und einfach so zu tun, „als ob" die Einheit schon gegeben wäre. Gerade bei der Feier der Eucharistie, dem Sakrament der Einheit, kann man ehrlicherweise nicht äußerlich dasselbe tun und Verschiedenes denken. Einheit ist nur dann wirklich menschen- und christenwürdige Einheit, wenn sie auf Einverständnis beruht.

Was also können wir tun? Das Wichtigste ist sicher, für die Einheit zu beten, inständig und ausdauernd zu beten. Sie ist nicht unser Werk, sondern Gottes Geschenk. Sie kommt zweitens nicht zustande durch stures Beharren auf einmal eingenommenen Positionen, sondern setzt tiefe persönliche Bekehrung wie äußere Reformen in allen Kirchen voraus. Sie erfordert ein neues Denken. Gemeint ist nicht, gegenüber der eigenen Tradition fahnenflüchtig zu werden, sondern sie tiefer und umfassender und insofern offener zu verstehen. Dies wiederum ermöglicht drittens erst den Dialog über die noch bestehenden Probleme, in dem wir nicht nur unsere Wahrheit einbringen sollen, sondern zugleich Anwälte der Wahrheit in der Position des anderen werden müssen. Wir müssen es lernen, sozusagen mit den Augen des anderen auf uns selbst zu schauen. Nur so kann es zu dem gegenseitigen Geben und Nehmen kommen, das uns schon bisher so viele entscheidende Schritte weitergebracht hat und uns mit Gottes Hilfe zu einem Zeitpunkt, den allein er bestimmt, auch zur vollen Einheit führen wird.

Schließlich: Wir können schon heute wesentlich mehr gemeinsam tun, als was gewöhnlich gemeinsam geschieht: regelmäßige gemeinsame Bibelarbeit, gemeinsame Glaubensseminare, gemeinsame karitative und soziale Aktionen, regelmäßige gemeinsame Beratung der Pfarrer über alle anstehenden Fragen, regelmäßige gemeinsame Wort- und Gebetsgottesdienste und vieles andere mehr. Der eigenwillige Versuch, den zweiten Schritt vor dem ersten zu tun, führt in der Ökumene wie im täglichen Leben dazu, den ersten Schritt zu vergessen und damit ins Stolpern zu kommen. Ich bin überzeugt: Die Ökumene geht weiter, wenn nur wir in heiliger Ungeduld, aber ohne unheilige Hast und Hetze weitergehen.

Glaube und Gesellschaft

Soziologisches zu den Konfessionen

Von Gregor Siefer

Die Aufspaltung des christlichen Glaubens in verschiedene Konfessionen zeigt sich in kaum einem anderen Land der Erde so deutlich wie in Deutschland, dem Land der Reformation. Die Teilung Deutschlands nach dem Zweiten Weltkrieg hat das zeitweilig – besonders in der „großdeutschen" Phase 1938–1945 – erreichte quantitative Gleichgewicht von Protestanten und Katholiken völlig verändert. Während Österreich wieder ein „katholisches Land" wurde (1986: 84,3% Katholiken, 5,6% Protestanten), hat der Anteil der Katholiken in der DDR 8% nie überschritten (1986: 7,2%). Als Mitglieder der Evangelischen Kirche wurden in der DDR 1986 auch nur noch etwa 46% der Bevölkerung ausgewiesen, während der Anteil der „Konfessionslosen" dort inzwischen 40% überschritten hat. Lediglich in der Bundesrepublik Deutschland sind annähernd gleich große Blöcke von „Protestanten" und „Katholiken" erhalten geblieben, wobei es seit 1978 zum ersten Mal etwas mehr Katholiken als Protestanten in der BRD gibt (Protestanten: 26,5 Mill = 43%, Katholiken: 26,7 Mill. = 43,3% der Wohnbevölkerung). Unter den verbleibenden 13,7% bilden die Konfessionslosen mit ca. 4% den größten Anteil, gefolgt von den Muslimen (meist Türken) mit ca. 3%. Zu erwähnen sind noch ca. 300000 Griechisch-Orthodoxe (= 0,5%) und 16000 Buddhisten (meist Vietnamesen), während die jüdischen Gemeinden 1984 nur noch 27700 Mitglieder aufwiesen.

Im folgenden geht es wesentlich um das Verbindende und Unterscheidende zwischen Protestanten und Katholiken in der BRD.

1. Faktoren konfessioneller Prägung

Da einfache Zählungen formaler Kirchenzugehörigkeit für das soziale Verhalten noch wenig besagen, bedürfen die meisten Zahlen zumindest eines Vergleichs – mit früheren Zeiten oder anderen Religionen –, um überhaupt aussagekräftig zu werden.

Aktivitäten in der Kirchengemeinde

Obwohl die durch Kirchengebot den Katholiken vorgeschriebene Pflicht zum sonntäglichen Gottesdienstbesuch einen Vergleich mit den Protestanten, bei denen der regelmäßige Kirchenbesuch nicht verbindlich ist, etwas schwierig macht, ist ein beide Konfessionen erfassender Trend zur Distanzierung von der Kirchengemeinde nicht zu übersehen.

Auch wenn man die *Regelmäßigkeit des Gottesdienstbesuchs* für die Protestanten großzügig definiert (= 1 × im Monat – während „Regelmäßigkeit" für Katholiken = jeden Sonntag bedeutet), ergeben sich in den letzten drei Jahrzehnten folgende Zahlen (für die über 16jährigen)

	1956/57	1982
Protestanten	14%	6%
Katholiken	56%	32%

(E. Noelle-Neumann/R. Köcher, 221).

Für die einzelnen Aktivitäten und Nachfragen in den Kirchengemeinden lassen sich konfessionsvergleichende Zahlen nicht vorlegen, da nur die EKD regelmäßig statistische Daten veröffentlicht. Insgesamt darf man annehmen, daß die Zahlen für die Aktivität der Katholiken jeweils etwas höher liegen, dem allgemeinen Trend zur Distanzierung aber folgen.

Von jeweils 100 evangelischen Paaren wurden nach der (standesamtlichen) *Heirat* evangelisch getraut: 1963 noch 85, 1984 nur noch 69 (EKD-Amtsblatt vom 15.2.86, Stat.

Beilage, Nr. 78, S. 13). Bei evangelisch-katholischen Paaren blieb die Zahl mit 30 konstant.

Günstiger scheint die Entwicklung bei den *Taufen* zu sein. Hier wurden 1963 wie 1984 nahezu alle Kinder rein evangelischer Paare auch getauft, der Anteil der evangelischen Taufe bei Kindern evangelisch-katholischer Paare nahm sogar zu (von 41 auf 53). Die Taufe unehelicher Kinder evangelischer Mütter nahm allerdings von 60 auf 41% ab, was auf die deutliche Kirchendistanzierung nichtehelicher Lebensgemeinschaften hinweisen dürfte (ebd. S. 8f.).

Am stabilsten ist offensichtlich noch die Zahl kirchlicher *Bestattungen*, da 93 von 100 verstorbenen evangelischen Christen unter Assistenz eines evangelischen Pfarrers beerdigt wurden, 1963 ebenso wie 1984 (ebd. S. 14).

Sehr sprunghaft und unregelmäßig entwickelte sich die Zahl der offiziellen *Kirchenaustritte*. Standen 1963 in der evangelischen Kirche 39000 Austritten fast 38000 (z.T. Wieder-)Aufnahmen gegenüber, ergab sich 1974 ein Saldoverlust von 200000 Mitgliedern (218000 Austritte, 18000 Aufnahmen), während sich seitdem die Entwicklung bei einem Negativsaldo von ca. 100000 Personen einzupendeln scheint (1984: 128000 Austritte, 38000 Aufnahmen, ebd. S. 21). In der katholischen Kirche rechnet man seit Mitte der 70er Jahre mit einer Durchschnittszahl von ca. 50000 Austritten/Jahr, die allerdings 1985 erstmals auf 75000 anstieg.

Insgesamt muß man zu diesen für die Kirchen nicht gerade erfreulichen, aber auch nicht unmittelbar bedrohlichen Zahlen folgendes anmerken: Es handelt sich um Durchschnittszahlen, die etwas darüber hinwegtäuschen, daß die Distanzierungsschübe vor allem bei den jungen Erwachsenen und in den Großstädten zu verorten sind, sich also in Zukunft eskalierend bemerkbar machen dürften. Außerdem sind die (noch) in der Gemeinde Verbliebenen in beiden Kirchen aktiver als früher, was man an der Zunahme von Bibelkreisen, Kirchenchören usw. ablesen kann, Veränderungen, die auch etwas mit den Entwicklungen in den Kirchen und in der Theologie (z. B. Ökumene) zu tun haben.

Familienbindung

Hier wiederholt sich offenbar eine ähnliche Entwicklung, wie sie schon beim Gottesdienstbesuch erkennbar wurde: Der Familiensinn der Katholiken ist größer als der der Protestanten, aber er wird ebenfalls allmählich schwächer. Zunächst einmal haben Katholiken immer noch mehr *Kinder* als Protestanten, wobei in der BRD die höhere Gebürtigkeit der Gastarbeiter aus romanischen Ländern spürbar werden dürfte. 1984 wurden in der BRD 584 157 Lebendgeborene gezählt. Davon waren 9,07% nichtehelich, die Konfession der Mutter ist nicht ausgewiesen. Von den verbleibenden 531 159 Neugeborenen hatten 36,6% einen evangelischen, aber 44,9% einen römisch-katholischen Vater (Stat. Jb. 1986, S. 74). Auch die auf einer bundesweiten Untersuchung (ALLBUS 1982) basierende Frage nach der Rangstelle verschiedener Lebensbereiche macht die relativ stärkere Familienbindung auch noch der jüngeren Katholiken deutlich (vgl. auch Siefer in: Zwei Kirchen – eine Moral, Regensburg 1986, S. 19).

Umgekehrt ist der Widerstand gegen eine Erleichterung der Ehescheidung oder der Abtreibung bei Katholiken stärker als bei Protestanten (vgl. E. Noelle-Neumann / R. Köcher, S. 260; 253–256).

Bildungsorientierung

Die Mitte der 60er Jahre angestoßene Bildungsreform („Schick dein Kind länger auf bessere Schulen“) hat die deutsche Bildungslandschaft in einem kaum vorstellbaren Ausmaß verändert. Binnen weniger Jahre stieg die Zahl derer, die über das Abitur oder auf dem Zweiten Bildungsweg die Hochschulreife erreichten, um das Vier- bis Fünffache. Die „katholische Landarbeitertochter“ – jene Kunstfigur, der man die schlechtesten Bildungsaussichten gab – machte deutlich, daß neben den anderen Faktoren (Wohnen auf dem Land, Unterschicht, Mädchen) auch die katholische Konfession als ein Bildungshindernis angesehen wurde. Kein Zweifel auch, daß es bis Mitte des Jahrhunderts ein „katholisches Bildungsdefizit" gab – aus vielerlei Gründen. Bis 1919 waren – zumindest in Preußen – viele Führungspositionen für Katholiken (wie für Juden) verschlossen, anderseits hinderte der größere Kinderreichtum der Katholiken diese oft schon aus ökonomischen Gründen daran, ihren Kindern eine qualifiziertere Ausbildung zukommen zu lassen. Schließlich war auch die Vermutung nicht ganz unrealistisch, daß vor allem eine Höherqualifizierung in modernen Bildungsbereichen (Naturwissenschaften, Sozialwissenschaften usw.) die Bindung an die Kirche eher lockern würde. So kam es, daß bis etwa 1970 der Anteil der Katholiken unter Gymnasiasten und Studenten immer etwa 3–5% unter dem von der Konfessionsverteilung in der Gesamtbevölkerung zu erwartenden Anteil lag, der der Protestanten umgekehrt etwas höher war. Inzwischen ist die Diskussion über die Frage weitgehend verstummt, obwohl – angesichts einer in dieser Frage sehr desolaten statistischen Situation – niemand genau weiß, ob die konfessionelle Asymmetrie inzwischen wirklich ausgeglichen ist. Nicht ausgeglichen ist sie ganz gewiß in den Führungsschichten der bundesrepublikanischen Gesellschaft, einfach schon deshalb, weil die Bildungsreform der 70er Jahre sich in den Spitzenpositionen noch kaum ausgewirkt haben kann. Das zeigt eindeutig eine Untersuchung von Ursula Hoffmann-Lange aus dem Jahr 1981, nach der die Katholiken durchschnittlich 12% unter, die Protestanten etwa 8% über dem von der Gesamtstruktur her zu erwartenden Anteil liegen.

Alltagsverhalten

Es wäre verwunderlich, wenn Unterschiede in der Bildungsorientierung, in der Familienbindung und im Erziehungsstil nicht auch zu entsprechenden Varianten des Alltagsverhaltens führen würden. Geht man von der auch theologisch zu begründenden These aus, daß der Protestant mehr als der Katholik „auf sich selbst gestellt" ist, sich in seiner Position „unmittelbar zu Gott" auch für sein Alltagsleben verantwortlicher fühlt, dann ist das Auffinden von Faktoren der Rechenhaftigkeit, der Rationalität der Lebensführung nicht verwunderlich. Gerhard Schmidtchen hat das vor 30 Jahren einmal genau untersucht. Er hat als „stark rechenhafte Haushalte" diejenigen bezeichnet, die von den Techniken der Haushaltsführung (Haushaltsbuch – Einkaufszettel – Einteilung von Wirtschaftsgeld – Vorausplanen von Anschaffungen) mindestens drei benutzen. Unter diesen Voraussetzungen wurden 24% der protestantischen, aber nur 18% der katholischen Haushalte als „stark rechenhaftig" ermittelt (Schmidtchen 1973, S. 145). Auch die geläufige Ansicht, daß Katholiken im Umgang mit der Wahrheit etwas laxer seien als Protestanten, läßt sich andeutungsweise noch belegen. Die Ansicht „Ich halte es manchmal für besser, nicht die Wahrheit zu sagen" wurde von nur 19% der Protestanten, aber von 26% der befragten Katholiken bestätigt (ebd. S. 158).

Ähnlich ist es mit der Selbstmordneigung, die – vor allem im Alter – bei Männern stärker als bei Frauen, aber auch hier bei Protestanten stärker als bei Katholiken ausgeprägt ist. Eine Schweizer Auszählung aus den 60er Jahren läßt das noch deutlich erkennen. Auf 10000 Lebende im Jahresmittel (1959–1962) starben durch Suizid bei Personen über 80 Jahren: 8,30 protestantische, aber nur 5,25 katholische Männer sowie 1,56 protestantische, jedoch nur 1,11 katholische Frauen (vgl. Schmidtchen 1973, S. 481).

Unterschiede dieser Art dürften sich in Zukunft allmählich weiter abschleifen, zumal die ursprünglich religiösen

Motivationen solcher Verhaltensbesonderungen kaum jemand mehr bewußt sind.

Politische Aktivitäten

In der Politik – und sei es nur im Wahlverhalten – zeigten Katholiken lange eine relativ starke Geschlossenheit. Das hat seinen Grund vor allem in der Herausbildung eines „politischen Katholizismus" im 19. Jahrhundert, mit dessen Etablierung die Kirche den Verfall ihrer unmittelbaren politischen Macht in Europa – vor allem seit der Französischen Revolution – zu kompensieren versuchte. Das kam – und kommt heute noch – vor allem der CDU/CSU zugute, wenngleich der Anteil der katholischen Wechselwähler seit 1949 fast kontinuierlich zugenommen hat. Während konservative Parteien insgesamt von einer Verlängerung der durchschnittlichen Lebenserwartung profitieren, was den Anteil älterer Wähler vor allem bei Sinken der Geburtenrate ansteigen läßt, macht sich für die CDU/CSU das Nachlassen im Gottesdienstbesuch negativ bemerkbar. Nutznießer beider Trends (Seniorisierung, Kirchendistanzierung) dürfte die FDP sein, während die „Grünen" zwar von der Kirchendistanzierung profitieren, quantitativ durch das Sinken der Geburtenrate aber in Schwierigkeiten kommen werden.

2. Unterschiedliche Auswirkungen konfessiogener Prägungen

Entkirchlichungsprozeß

Obwohl der Prozeß der Entkirchlichung beide Groß-Konfessionen gleichermaßen betrifft, kommt man um die Feststellung nicht herum, daß der *Erosionsprozeß im Bereich der reformatorischen Kirchen schneller und intensiver* verläuft *als im Bereich der katholischen Kirche*. Das mag im Einzelfall vielerlei Gründe haben, aus denen ich jedoch drei zumindest für die deutsche Situation besonders herausheben möchte:

a) Die *evangelische „Sozialisation"* zielt mehr als die katholische auf die *Autonomie der Persönlichkeit.* Das „unmittelbar zu Gott" – ohne Einschaltung von Klerus und Lehramt – schlägt auch bei denen noch durch, die von den theologischen Hintergründen dieser Positionen gar nichts mehr wissen. Dieser Autonomisierungsdruck hat wahrscheinlich den Individualisierungsprozeß im Abendland sehr beschleunigt und damit die Basis aller modernen Freiheitsbewegungen gelegt – zugleich aber auch die Entkirchlichung eingeleitet, von der die protestantischen Kirchen in Deutschland (zumindest zunächst) mehr betroffen waren und sind als die katholische Kirche. Die Begegnung von Glaube und Vernunft im Hinterkopf des einzelnen Gläubigen hat darum für den evangelischen Christen sehr viel eher zu Konflikten geführt, denen er sich durch Regression ins Unverbindliche oder auch durch Kirchenaustritt entzog.

b) Demgegenüber ist die *katholische Kirche* in sehr viel höherem Maße eine *„sinnliche" Kirche,* in der man dem Konflikt zwischen Glaube und Vernunft auch dadurch ausweichen kann, daß man die Austragung solcher Konflikte den Theologen und notfalls dem Lehramt überläßt und sich im übrigen auf das „Sentire (!) cum ecclesia", das Fühlen mit der Kirche also, beschränkt. Auch unter diesem Aspekt ist der Druck, die eigene Kirche zu verlassen, für den „normalen" Gläubigen sehr viel geringer als im evangelischen Bereich. Geschieht es doch, dann allerdings oft unter eher dramatischen Umständen – zumal wenn lange Hierarchieketten daran beteiligt sind und – wie bei der Exkommunikation – eher die Institution Kirche als der einzelne Gläubige der aktive Teil eines solchen Trennungsprozesses ist. Ein deutliches Plus gewinnt die katholische Kirche aus ihrem Charakter als Weltkirche. Damit verfügt sie von vornherein über ein größeres „Repertoire" an Verhaltensformen und auch über eine in langer Kirchengeschichte erprobte Erfahrung im Austragen von Konflikten unter (oder mit) den Gläubigen. Gegenüber der sich hier langfristig doch immer wieder durchsetzenden und praktizierten Flexibilität sind die reformatorischen Kirchen immer nur mit Konflikten „am Ort“ konfrontiert, die dort entstehen und dort entschieden werden müssen. Sie können weder „liegengelassen“ noch durch überregionale Vergleiche „neutralisiert“ werden, außerdem verbietet das Anpassungszickzack an das Wechselspiel der örtlichen Landesherrschaften jede Form eines „langen Atems“. In dynamischen Zeiten mit schnellen Wechselphasen kommt es – zumal bei durchschnittlich länger gewordenen Lebenszeiten der Bevölkerung – zu gewissen Polarisierungseffekten, die die latente Austrittsbereitschaft (notfalls auch nur in die autonome Nische der freien Persönlichkeit) nur verstärken müssen.

c) Schließlich war und ist die *evangelische Kirche* in ganz spezifischem Sinne eine *deutsche Kirche.* So wie Schrift und Kirchenlied von Luther über Bach bis Herder zu Grundelementen deutschen Volkstums und die Bindung an die Landesherrschaft zu einem tragenden Element bei der Gründung des Deutschen Reiches 1870 geworden sind, in eben diesem Maße waren die Katholiken an diesem Prozeß der Bildung der deutschen Nation nur marginal beteiligt, ja im Kulturkampf und auch später als Ultramontane zeitweilig auch diffamiert und stigmatisiert. Aus eben diesem Grunde aber sind sie heute von den ganzen Querelen um die „deutsche Frage“ – ist sie nun offen oder nicht offen – im Grunde weniger berührt. Es sei nur daran erinnert, daß die evangelische Kirche, die im Zweiten und Dritten Reich unangefochten eine Mehrheitsposition hatte, diese – in der BRD anfangs knappe, aber immerhin vorhandene – Mehrheit seit 1978 an die Katholiken verloren hat (ca. 42% vs 43%).

Theologische Diskussion und konfessionelles Realverhalten

Konfessionelle Prägungen des Sozialverhaltens sind zwar nicht völlig unabhängig von den konfessionsspezifischen Aussagen der christlichen Theologien. Dennoch sind sie in den seltensten Fällen wirklich zwingend und noch seltener sind sie den so Handelnden auch bewußt. Auf jeden Fall konstatieren wir heute – gerade unter dem Erwartungsdruck des ökumenischen Prozesses – ein immer stärkeres *Auseinanderdriften* von *theologischer Diskussion und konfessionellem Realverhalten.* Das hat u.a. die fatale Konsequenz, daß eine Einigung der Theologen über spezifische Kontroversfragen – Amt, Herrenmahl, „Verwerfungen" oder was immer – für das tatsächliche Verhalten der – evangelisch oder katholisch – Getauften in concreto wenig bedeutet. Man muß gelegentlich sogar den Eindruck gewinnen, daß die immer weiter betriebenen Theologengespräche für den ökumenischen Prozeß geradezu kontraproduktiv sind. Denn sie helfen mit, zwei geradezu gegenläufige Funktionen in einer effektiven Balance zu halten: Für die Theologen selbst und ihren kleinen Insider-Umkreis verstärken sie das Bewußtsein, Mißverständnisse aufzubrechen, Vorurteile abzuräumen und insofern eine notwendige und verdienstvolle Kärrnerarbeit im Weinberg des Herrn zu leisten. Für die Amtsleitungen der Kirchen – aller Kirchen – dient diese Arbeit der Theologen als ein immer wieder vorzeigbares Alibi, daß auch sie den ökumenischen Prozeß fördern. Daß sie dennoch nur selten Konsequenzen daraus ziehen, liegt vor allem daran, daß ein Großteil dieser ökumenischen Diskussionen sich weit außerhalb des Lebenshorizontes der Mehrheit (vor allem) der (jüngeren) Bevölkerung abspielt, die davon in aller Regel überhaupt nichts bemerkt. Etwas bildhaft ausgedrückt: Die Wunde (der Trennung) wird immer neu verbunden, der Schmerz gemindert, der Schrei der Empörung eben dadurch zum Verstummen gebracht. Anderseits wird zur Begründung für die (relative) Untätigkeit der Amtsleitungen auch immer wieder auf das biblische Wort von der „Schwäche der Brüder“ verwiesen, deren Verunsicherung in ihren tradierten Glaubens- und Lebensformen man auf jeden Fall vermeiden müßte. Aus dieser m. E. etwas überzogenen Furcht vor einem Schisma überläßt man die Entwicklung neuer Formen im Bereich des ökumenischen Umgangs miteinander in einer Art pragmatischer Gelassenheit lieber sich selbst. Konkret heißt das: Mit Enzykliken, Hirtenbriefen und Kirchenrechtsnovellierungen wird man nach und nach manches von dem wieder auffangen und einfangen, was man zunächst als Abweichung sanktioniert und verurteilt (Mischehe, Interkommunion usw.) hat.

Entwicklungstendenzen beim theologischen Nachwuchs

In beiden Konfessionen sehr unterschiedlich ist die Versorgung mit hauptamtlichen Amtsträgern, also Pastoren und Pfarrer(inne)n. Während sich die Zahl der Kirchenmitglieder Anfang der 80er Jahre in beiden Kirchen zwischen 26 und 29 Mill. bewegte – bei den Protestanten eher abnehmend, bei den Katholiken leicht zunehmend –, verlief der Trend bei der Zahl der Pfarrer genau umgekehrt. Zählte die EKD 1964 insgesamt 16158 Pfarrer (davon 16,7% im Ruhestand), so stieg die Zahl bis 1985 auf 22022 (davon 24,2% im Ruhestand). Der Anteil von Pfarrerinnen an diesen Gesamtzahlen stieg von 1,9% auf 9,4% (Stat. Beilage zum EKD-Amtsblatt, Nr. 77 [15.5.85], S. 7 und Nr. 75 [15.7.84] S. 8). Bei den Katholiken fiel die Zahl der Priester von 26632 (davon 6428 Ordenspriester) im Jahre 1965 auf 23842 (davon 6015 Ordenspriester) im Jahre 1985 (vgl. Siefer 1973, S. 73, und Stat. Jahrbuch der BRD 1986, S. 94). Nicht erkennbar wird daraus, daß das Durchschnittsalter der katholischen Pfarrer erheblich höher liegt als das der evangelischen (vgl. Siefer 1973, S. 75), ein Prozeß, der durch die Nachwuchsentwicklung in den letzten Jahren weiter verstärkt worden ist. Im Wintersemester 1984/85 studierten Katholische Theologie und Religionslehre an deutschen Hochschulen 12389 Personen (darunter 5131 Frauen), Evangelische Theologie *und* Religionslehre

17 250 Personen (darunter 7601 Frauen) (Bildung im Zahlenspiegel 1986, hrsg. vom Statistischen Bundesamt Stuttgart und Mainz 1986, S. 96). Diese undifferenzierten Zahlen verdecken etwas den extrem unterschiedlichen Anteil solcher Studierender, die als Theologennachwuchs i. e. S. anzusehen sind. Im WS 1983/84 standen 13 253 Studenten der Evangelischen Theologie (darunter 36,7% Frauen) nur 3391 Studierenden der Evangelischen Religionslehre gegenüber (darunter 70,2% Frauen). Die Zahl der Ersten theologischen Examen betrug 1984: 995 (30,7% Frauen), der Zweiten theologischen Examen 752 (29,9% Frauen). Nach bestandenem Zweitem Examen wurden 690 Theologen (27,7% Frauen) in den Dienst der Gliedkirchen übernommen.

Unter den 12 389 Personen, die 1984/85 Katholische Theologie und Religionslehre studierten, befanden sich 2896 Studenten mit dem Ziel, „Diözesanpriester" zu werden. Seit 1977 ist diese Zahl von knapp über 2000 auf jetzt knapp unter 3000 wieder angestiegen (1955: 5000). Blickt man auf die Zahl der Studienanfänger mit diesem Studienziel, so hat sich deren Zahl (vom absoluten Tiefpunkt 1972: 312) in den letzten 15 Jahren zwar ebenfalls erholt (1983: 633), betrug aber 1986 nur wieder 545. Sehr viel geringer aber ist die Zahl derer, die wirklich die Priesterweihe empfangen. Sie lag in den letzten Jahren zwischen 200 und 250 (dazu kommen noch etwa 40–50 Ordenspriester) (vgl. Informationszentrum Berufe der Kirche, Dokumentation 1987). Die EKD übernimmt z. Z. also jährlich 2- bis 3mal so viele Theologen in den Gemeindedienst wie die katholische Kirche.

Obwohl also die Zahl der Personen, die ihr Interesse an Theologie durch die Aufnahme eines entsprechenden Studiums zum Ausdruck bringen, in beiden Konfessionen relativ hoch ist – im katholischen Bereich höher, als sie je war –, sind die Aussichten für eine angemessene „Versorgung" der Gemeinden in höchstem Grade unterschiedlich. Trifft bereits jetzt die Übernahme der evangelischen Theologen nach dem Ersten Examen in den Ausbildungsdienst, dann aber die Übernahme in eine Vollstelle schon aus finanziellen Gründen auf eine Grenze, so wird es in der katholischen Kirche in Zukunft immer weniger möglich sein, die bestehenden und jetzt noch „versorgten“ Gemeinden mit einem Gemeindeleiter zu versehen, der nach dem geltenden Kirchenrecht ein zölibatär lebender Priester sein muß. Dieses Problem wird sich zuspitzen, da es sich ja nicht einfach um eine „Mangelerscheinung“ handelt, sondern um eine Situation, die durch die starre Fortsetzung einer kirchenrechtlich (erst 1139) fixierten Praxis künstlich forciert wird.

3. Zukunftsaussichten

Revitalisierungschancen

Bei dieser ganzen Entwicklung darf man natürlich nicht vergessen, daß die Fragen und Probleme in der Bevölkerung bleiben, auch wenn sie sich nicht mehr als Anfragen an die tradierten Kirchen richten. Insbesondere alles, was mit den großen Themen Liebe und Tod zusammenhängt, bleibt als Frage aktuell. Das Neue daran ist, daß die Kirchen – traditionelle Sinnstiftungsinstanzen – in dieser Funktion kein Monopol mehr haben, sondern – trotz noch relativ starker ökonomischer und politischer Machtpositionen – nur eine Rolle neben anderen Instanzen spielen. Insofern sind durchaus partielle Revitalisierungen christlicher Praxis möglich – man denke an Kirchen- und Katholikentage und mancherlei „Bewegungen“. Auch um bestimmte Orte und Personen wird es – wie eh und je – Gemeinden von Gläubigen und Anhängern geben. Dabei kann es sogar – man denke an die Wiederbelebung der Wallfahrten – durchaus auch Verstärkungen spezifisch konfessioneller Verhaltensformen geben, neben denen aber ganz klar konfessionsübergreifende Bewegungen zu registrieren sind (Taizé, Charismatiker, Integrierte Gemeinde ...). Das Neue und Andersartige an all diesen Prozessen, die zunächst einmal nur Varianten des Auf und Ab vieler Bewegungen innerhalb der Tradition christlicher

Kirchen überhaupt darstellen, scheint mir jedoch darin zu liegen, daß all die Aktivitäten innerhalb dieser Prozesse überwiegend individuell oder auch (klein-)gruppenspezifisch konsumiert werden, m. a. W., daß all diese Aktivitäten sehr viel weniger der Stärkung des ganzen Systems zugute kommen, mit dem man sich oft überhaupt nicht mehr identifiziert. Während noch in den 20er Jahren die Aktivierung etwa in einer Gruppe der kirchlichen Jugendbewegung (z. B. Quickborn) auch ein protestierendes und progressives Element war, blieb dem „System Kirche" auch nach Erlahmen des individuellen Engagements die Loyalität des einzelnen durchaus erhalten. Hier scheint sich einiges verändert zu haben. Die Impulse aus Studentenbewegung, Frauenbewegung, Friedensbewegung, Umweltbewegung laufen strecken- und phasenweise durchaus mit kirchlichen Aktivitäten parallel, bündeln sich geradezu in manchen Situationen (z. B. Kirchentage), aber auch der einzelne bleibt ein sehr bewegliches, kaum berechenbares Element in diesem Prozeß. Ein Wechsel hinein oder hinaus (z. B. ins Kloster auf Zeit oder aber auch in die Anthroposophie) wird vom Suchenden (er ist wohl nicht mehr als „Gläubiger" zu vereinnahmen) als durchaus unproblematisch empfunden, eben weil Institution, Amt und System relativ fernstehen, blaß bleiben und keineswegs mehr als Bedrohung empfunden werden.

Zwischen Selbstghettoisierung und pluraler Welt

Demgegenüber muß daran erinnert werden, daß *konfessionsspezifisches Verhalten* natürlich *auch immer eine Orientierungsfunktion* hatte und hat. In einer Zeit, in der praktisch das ganze Leben von konfessionsspezifischen Vorschriften und Appellationen durchzogen war – ob es um die Wahl der Schule ging, ob man Lektüre für sich und seine Kinder aussuchte, ob die Wahl eines Lebenspartners anstand oder ob es nur um die Frage ging, welche Rundfunkzeitung man abonnieren sollte –, stets mischten sich die Konfessionen (speziell die katholische) lautstark ein. Ein Abweichen von der damit vorgezeigten Linie hatte – und hat in manchen Regionen auch heute noch – unmittelbar negative Folgen für den Delinquenten. Mit dem Schwinden der Sanktionskraft der Kirchen blieb das Abweichen von diesen Normen hierzulande relativ folgenlos. Dessenungeachtet bleibt jedoch das Bedürfnis nach Orientierung. In einer chaotischen und unüberschaubar gewordenen Welt ist natürlich die „Reduktion von Komplexität" (N. Luhmann) auf *eine* Konfession, d.h. eine Gruppe, zu der man sich zugehörig rechnen darf, in der sich vielleicht sogar ein spürbares Wir-Gefühl entwickeln läßt, in gewissem Sinn eine Erleichterung. In der Bundesrepublik würde eine derartige Orientierung schon einmal eine Halbierung der Bevölkerung bedeuten, in Diasporagebieten könnte es in manchen Großstädten, die ob ihrer Anonymitätsstrukturen ohnehin das Bedürfnis nach Kleingruppenbindung stärker wachsen lassen, zu geradezu überschaubaren Verhältnissen kommen. Anderseits ist eine derartige konfessionsspezifische Orientierung, wie sie in und nach dem Kulturkampf gerade für den Katholizismus in Deutschland sehr prägend geworden war, in vielerlei Hinsicht äußerst fragwürdig. Es käme im Endeffekt zu einer Art von Selbstghettoisierung, wie wir sie insbesondere in den Jahrzehnten vor dem Ersten Weltkrieg erlebt haben. Das hatte Folgen, die z.T. heute noch zu spüren sind, wenn wir daran denken, daß in nahezu allen Führungspositionen der Bundesrepublik – die einzige Ausnahme bildet die Parteileitung der CDU/CSU – die Katholiken nachweislich weit unterrepräsentiert sind und bestenfalls 25–30% der Positionen besetzt halten (während ihr Bevölkerungsanteil ca. 43% beträgt). Letzten Endes ist bei dieser Frage natürlich auch ein Werturteil mit im Spiel. Will man seine kleine(re), heile Glaubenswelt erhalten, in der man nur mit Gleichgläubigen verkehrt, in der man jede „Grenzverletzung" – insbesondere im Bereich einer möglichen „Mischehe" – rigide abwehrt, *oder* will man ganz bewußt die Risiken einer pluralen, offenen Welt auf sich nehmen, in der der Glaube sich durch sich selbst bewähren muß und nicht durch die Leitplanken eines tradierten Milieus gehalten wird.

Zwischen Autorität und Selbstverwirklichung

Die Kirchen als Subsysteme – gegenüber dem Abstraktum Sinnstiftungsinstanz – verfahren hinsichtlich der Beachtung konfessioneller Grenzen auf den ersten Blick relativ flexibel. Spricht man mit Theologen, dann ist man bei den meisten erstaunt über das *hohe Maß an Dialogbereitschaft* und über manche Diskussionspositionen, die bis an die Grenze der Auflösung des eigenen Konfessionssystems zugunsten einer übergreifenden, vereinten Christenheit gehen. Spricht man dagegen mit Amtsträgern der Hierarchie – nicht nur der katholischen Kirche –, dann werden die (oft engen) *Grenzen des je eigenen konfessionellen Systems* sehr schnell deutlich. Diese innere Spannung ist in beiden Kirchen vorhanden. Sie dringt – dank einer größeren Transparenz der Synoden und Gruppenbildungen – im Bereich der reformatorischen Kirchen sehr viel stärker nach außen. Sie ist aber infolge landesherrschaftlicher und regionaler Besonderheiten weder in der Verteidigung einer „Linie“ noch in einer Kritik gegen die Mehrheitsposition in sich einheitlich und deshalb insgesamt – so herum und so herum – meist folgenlos –, wenn man von der stillen Verabschiedung vieler Kirchensteuerzahler einmal absieht. Auf jeden Fall erscheinen – für den Außenstehenden – auch die Positionen in den reformatorischen Kirchen in sehr viel stärkerem Maße polarisiert – ohne daß allerdings ein im wörtlichen Sinn entscheidendes Machtwort gesprochen wird, von der Autoritätsstruktur her auch wohl gar nicht gesprochen werden kann.

Nach den Erfahrungen eines naiven Wachstumsoptimismus' (immer größer – immer besser) müssen alle großen Systeme, also auch die Kirchen, mit Tendenzen zur Rückwendung in kleinere, überschaubare Verhältnisse rechnen. Das hängt einerseits mit der erwiesenen Unbeweglichkeit der großen Systeme zusammen, mehr noch aber mit der Tatsache, daß ein (auch heute noch durchaus bereites) Engagement sich nicht mehr einfach in den Gehorsam unter eine wie auch immer definierte Autorität begibt. Engagement ist ein Teil, oft maßgebender Ausdruck der immer wieder persiflierten Selbstverwirklichung. Man hat nichts gegen sachbedingte Arbeitsteilung, aber man will auf dem laufenden bleiben über die Zielsetzung und die Wegfindung, und im Konfliktfall wird man die Gruppe, in der man sich und für die man sich engagiert, auch wieder verlassen – sei das nun ein Sportverein, eine Partei oder eben auch die Kirche. Für die Kirchen ist diese Erfahrung neu – und sie werden den Vergleich mit dem Sportverein als ehrenrührig von sich weisen. Aber sie würden gut daran tun, zu bemerken, daß man eben auch Kirchen heute so folgenlos verlassen kann wie einen Sportverein. Die Forderung, daß die Zugehörigkeit zu einer Kirche vollen Gehorsam, absolute Loyalität – und das auch noch lebenslang – bedeutet, dürfte auch im Mittelalter nur von wenigen Menschen wirklich erfüllt worden sein. Die soziale Kontrolle des Milieus und (später) notfalls auch die Polizei sorgten dafür, daß man bei allen anderen die Probe aufs Exempel gar nicht zu machen brauchte. Das schwierige Ineinander von autonomiebewußter Kleingruppe (Gemeinde) und Autorität ausstrahlender Großkirche wird auch in Zukunft manche Experimente und manches Modell produzieren. Die Kirchengeschichte zeigt hier auch bisher schon in der nur selten und dann auch nur kurz wirklich gelingenden Ausbalancierung zwischen Weltkirche und Ortsgemeinde mancherlei Varianten und Erfahrungen. Der spezifisch konfessionelle Unterschied liegt hier m. E. darin, daß es die Ortskirchen im katholischen Bereich zumindest seit der Reformation immer sehr schwer hatten, ihre Selbständigkeit gegenüber den römischen Zentralinstanzen zu behaupten, während im Bereich der reformatorischen Kirchen die oft sehr eigenwilligen Ortsgemeinden es sich nach außen hin sehr schwermachen, ein Minimum an Geschlossenheit zu praktizieren, das es noch erlaubt, von *einer* Kirche zu sprechen.

Christliche Maßstäbe für das Leben

Traditionen und Herausforderungen theologischer Ethik

Von Martin Honecker

1. Die Situation

Die Frage, ob es typisch katholische und evangelische Ansätze, Positionen und Fragestellungen in der Ethik gibt, ist keineswegs eindeutig zu beantworten. Dazu sind die Phänomene zu komplex und nicht eindeutig genug.

Auf der einen Seite dokumentiert nämlich beispielsweise das dreibändige „Handbuch der christlichen Ethik“ (2. Auflage, 1979/1982) ein erstaunlich hohes Maß an theologischer und ethischer Übereinstimmung zwischen katholischen und evangelischen Ethikern. Die Probleme der Ethik sind zudem konfessions- und sogar religionsübergreifend, so daß die durch die technische Zivilisation und die kulturell-gesellschaftliche Entwicklung aufgeworfenen Aufgaben und Fragen sich einer konfessionsspezifischen Antwort entziehen. Dazu kommt außerdem, daß als konfessionell geprägte ethische Argumentationsmuster bei genauerem Zusehen allgemeinere Fragestellungen enthalten und nur noch die Begrifflichkeit von konfessioneller Tradition geprägt sind. Schließlich verbindet evangelische und katholische Ethik eine 1500 Jahre alte christliche Überlieferung, von der Bibel an, über die Kirchenväter, Augustinus, bis hin zur Lehrtradition des Mittelalters. Noch im Widerspruch ist nämlich der reformatorische Neuansatz bestimmt von den mittelalterlichen Fragestellungen.

Auf der anderen Seite gibt es freilich nach wie vor unüberwindbare konfessionelle Gegensätze und Differenzen. Diese Gegensätze scheinen sich neuerdings sogar wieder zu verschärfen, so daß nach einer Phase ökumenischer Annäherung und Verständigung auch in der Ethik das jeweilige konfessionelle Profil wieder schärfer hervortritt. Diese diffuse Diskussionslage wird in der Ethik noch dadurch wesentlich verschärft, daß sich Unterschiede in der Auffassung des philosophischen, allgemeinen ethischen Ansatzes auch in der theologischen Ethik auswirken. Um sich die gegenwärtige Problemstellung klarzumachen, ist ferner ein kurzer historischer Rückblick notwendig und sinnvoll.

2. Die Ausgangslage

Glaube und „gute Werke"

Der Gegensatz zwischen evangelischem und katholischem Verständnis des Rechtfertigungsglaubens wirkt sich in der Ethik aus in einer konträren Bewertung der „guten Werke". Die mittelalterliche Frömmigkeitspraxis und die spätmittelalterliche Theologie faßten gute Werke als fromme Leistungen, Verdienste (merita) auf, die das Heil (mit) wirken. Gegen diese Wertung der guten Werke erhoben die Reformatoren, zunächst Martin Luther, auf das schärfste Einspruch: das „allein aus Gnaden", „allein aus Glaube" führte zu einer massiven Kritik der Werkgerechtigkeit. Es gibt ferner keine „heiligen" Werke, im Unterschied zu gewöhnlichem, profanem Handeln. In der Polemik heißt dies: „Gute Werke nennen sie, die Gott nicht geboten hat, als da sind: Wallfahrt, Fasten den Heiligen zu Ehren, Kirchen bauen und schmücken, Meß, Vigilien stiften, Rosenkränze beten, viel plappern und plärren in den Kirchen, Mönch, Nonne, Pfaffen werden, sonderlich Speis, Kleider und Stätten brauchen, und wer mag sie alle herzählen, die greulichen Greuel und Verführung, das ist des Papstes Regiment und Heiligkeit" (M. Luther, Wartburgpostille 1521/22). Das Christsein äußert sich, so Luther, allein im Glauben, im Herzen. Es ist dies eine Angelegenheit des inneren Menschen. „Ein christlich Wesen steht nicht in äußerlichem Wandel, es wandelt auch den Menschen nicht nach dem äußerlichen Stand, sondern nach dem innerlichen, das ist, es gibt ein ander Herz, einen anderen Mut,

Willen und Sinn, welcher eben die Werke hat, die ein andrer ohne solchen Mut und Willen tut. Denn ein Christ weiß, daß es ganz am Glauben liegt. Darum geht, steht, isset, trinkt, kleidet, wirkt, wandelt er wie sonst ein gemeiner Mann in seinem Stand, daß man nicht gewahr wird seines Christentums." Das Gute, das ein Christ tun soll, wird profan verstanden. Der Ort christlichen Lebens ist der weltliche Beruf. Der Maßstab der Güte eines Werkes ist der Nutzen des Nächsten.

Gegen die reformatorische Lehre von der Rechtfertigung hat das Konzil von Trient (6. Sitzung, 1547, Dekret über die Rechtfertigung) mit Nachdruck geltend gemacht, daß die Rechtfertigung den Menschen nicht bloß gerecht spricht, sondern zuständlich verändert und gerecht macht. Der gerechtfertigte Mensch kann deswegen ein heiligmäßiges Leben führen: Verurteilt werden daher beispielsweise folgende Sätze: „Wer behauptet, die empfangene Gerechtigkeit werde nicht bewahrt und auch nicht vor Gott vermehrt durch gute Werke, sondern die Werke selbst seien nur Frucht und Anzeichen der erlangten Rechtfertigung, nicht aber auch Ursache ihres Wachstums, der sei ausgeschlossen." „Wer behauptet, der Gerechtfertigte sündige, wenn er im Hinblick auf den ewigen Lohn gut handle, der sei ausgeschlossen."

Damit war der theologische Grundgegensatz im Reformationsjahrhundert festgelegt. Der evangelische Glaube protestierte leidenschaftlich gegen Werkgerechtigkeit und Verdienstlehre und wirft der katholischen Ethik einen fundamentalen Irrtum in der Gnadenlehre vor. Katholischerseits verdächtigt man die evangelische Ethik, sie verfalle in sittliche Untätigkeit, wenn sie das Motiv des Verdienst- und Lohngedankens beseitige, verweltliche und entchristliche das alltägliche, äußere Leben und sei folglich grundsätzlich unmoralisch. Dieser unüberbrückbare Gegensatz im Ansatz der Ethik ist heute durch ein neues Verstehen des Rechtfertigungsgeschehens in der katholischen wie in der evangelischen Theologie überwunden. Die alten Vorurteile sind freilich hier und da noch anzutreffen. Der Protestant scheint dann in den Augen des Katholiken auch in der Ethik nachlässig zu sein; dem Protestanten hingegen erscheint der Katholik als ein selbstgerechter, nach Heiligkeit strebender Mensch, in dem die konfessionelle Polemik den Typus des Heuchlers und Pharisäers aus dem Neuen Testament wiederfinden will.

Kasuistische Moral und Freiheit des Gewissens

Dazu kommt ein weiterer Faktor hinzu: Die Moraltheologie wurde innerhalb der katholischen Theologie im 16. Jahrhundert zu einer eigenen Disziplin. Der Moralunterricht wurde bezogen auf das Institut der Beichte, nachdem das Tridentinum vorgeschrieben hatte, alle schweren Sünden seien nach Art und Zahl zu beichten. Aus der Beichtpraxis entwickelte sich folgerichtig eine Moralkasuistik. Die nachtridentinischen Moralsysteme regelten bis in die Einzelheiten hinein die religiöse und sittliche Beurteilung des christlichen Lebens und Handelns. Die evangelische Ethik lehnte solche kasuistische Moral als gesetzlich, nomistisch, unevangelisch ab. Umgekehrt zog das evangelische Beharren auf der Freiheit des Gewissens und der persönlichen Entscheidung von katholischer Seite her den Vorwurf auf sich, evangelische Ethik sei antinomistisch, libertinistisch, fördere ein laxes Leben und lasse Willkür und Beliebigkeit in der christlichen Ethik zu.

Naturrecht und Offenbarung

Die Antithese von starrem Normativismus einerseits und von mangelnder ethischer Orientierung andererseits wurde noch verfestigt durch den Gegensatz im Begründungsansatz der Ethik. Katholische Moraltheologie berief sich auf ein Naturrecht, das eine neuthomistische Scholastik als unwandelbare, essentialistische Seinsordnung begriff und auslegte. Ein zeitlos verstandenes Naturrecht stellte unwandelbare Normen auf und trug der Geschichtlichkeit christlicher Existenz in der Welt nicht Rechnung. Evangelische Ethik begründete hingegen ihre Aussagen mit der Berufung auf Schrift und Offenbarung. Die Begründung aus Schrift und Offenbarung erfolgte freilich oft positivistisch, manchmal fundamentalistisch, so daß nichts anderes als ein autoritativer oder sogar autoritärer Rückgriff auf die Quelle Schrift und Offenbarung geschah. Dem theoretisch zumindest gewahrten Anspruch auf Evidenz und Rationalität, den das Naturrechtsdenken niemals aufgegeben hat, trat auf evangelischer Seite eine Berufung auf den im Glauben zu erbringenden Gehorsam im Hinblick auf Schriftzeugnis und Christusoffenbarung gegenüber.

Die im Rückblick betrachtete Frontstellung zwischen katholischer Moraltheologie und evangelischer Ethik beherrschte bis in die Mitte des 20. Jahrhunderts – also noch unter Papst Pius XII. (1939–1958) – das Feld. Ein Dialog zwischen den Fronten war kaum möglich. Entscheidend zur Auflockerung der Fronten beigetragen hat auf katholischer Seite des Zweite Vatikanische Konzil: Die Erklärung über die Religionsfreiheit „Dignitatis humanae“, die pastorale Konstitution über die Kirche in der Welt von heute „Gaudium et spes“ mit der Anerkennung der Eigenständigkeit, der Autonomie der Lebensbereiche, für die Ethik das Dekret über die Priesterausbildung „Optatam totius“ mit der besonderen Betonung der Moraltheologie, eröffnen neue Perspektiven. Auf evangelischer Seite hat die ökumenische Bewegung in der Begegnung mit anderen Konfessionen – im Ökumenischen Rat der Kirchen auch mit Orthodoxen und Anglikanern – das gemeinsame christliche Erbe neu sehen gelehrt und protestantische Verabsolutierungen in Frage gestellt. Vor allem aber haben die gemeinsamen Aufgaben und Herausforderungen der Zeit evangelische und katholische Ethik zusammengeführt.

3. Die gemeinsame Herausforderung durch die neuzeitliche Welt

Auf das Ende des konfessionellen Zeitalters in der Aufklärung haben vom 18. Jahrhundert bis zum Zweiten Vatikanischen Konzil die Kirchen unterschiedlich reagiert. Die katholische Kirche und ihr Lehramt antworteten auf die Emanzipation in Denken, Politik und Gesellschaft mit einer schroffen Absage und mit der Selbstabschließung. Erst das Zweite Vatikanische Konzil vollzog die Öffnung zur neuzeitlichen Welt. Die evangelische Kirche entdeckte schon früh in manchen Zügen der aufgeklärten Freiheitsbewegung Elemente reformatorischen Freiheitsverständnisses. An der Einstellung zur neuzeitlichen Idee der Freiheit schieden sich also die Kirchen. Kants Anschauung von der Autonomie der Moral stieß an der katholischen Kirche und Ethik auf entschiedene Ablehnung, während man evangelischerseits in ihm den „Philosophen des Protestantismus" entdeckte. Noch in der Kontroverse um die „autonome Moral" in der katholischen Moraltheologie der 70er Jahre klingt diese Verwerfung Kants als Zerstörer von Theologie und Ethik nach. In der Aufklärung kam es zur Emanzipation der Ethik von Kirche, Religion und Theologie und ihrer Neubegründung als Philosophie der praktischen Vernunft. (Übrigens gibt es erst seit dem 18. Jahrhundert auch in der evangelischen Theologie Ansätze zur Disziplinenunterscheidung zwischen theologia dogmatica und theologia moralis.)

Der Vorgang der Säkularisierung der Gesellschaft und der religiösen und weltanschaulichen Neutralisierung des Staates erfaßte die konfessionellen Kirchentümer zwar auf unterschiedliche Weise, aber betraf sie beide in demselben Ausmaß. Das „katholische" Frankreich und das „protestantische" Schweden zeigen beide die Kennzeichen einer nicht mehr christlichen, einer säkularen Gesellschaft. D. Bonhoeffers Überlegungen zum Christsein in einer „mündigen" Welt und sein Postulat einer nicht-religiösen Interpretation biblischer Begriffe und eines nicht-religiösen Christentums greifen zwar weit über den Bereich der Ethik hinaus. Aber gerade in der Ethik tritt in besonderer Intensität die Konkurrenz zwischen christlichen Forderungen und humanem, allgemeinem sittlichem Anspruch zutage. Die Frage, ob es eine „christliche" Ethik, im Sinne eines inhaltlich besonders ausweisbaren Normenbestandes gibt, oder nur eine spezifisch christliche Grundlegung eines allgemeinen, humanen Verhaltens, die Zuordnung von Christianum und Humanum in der Ethik ist in jeder ethischen Reflexion ausgesprochen oder heimlich präsent, unabhängig davon, wie diese Frage dann konkret beschieden und beantwortet wird.

Dazu kommt dann noch die tiefgreifende Umwälzung und Veränderung der Lebensführung in der technischen Zivilisation aufgrund der Industrialisierung, wissenschaftlich-technischer Innovationen, der Verwissenschaftlichung der Lebensführung und der technischen Durchdringung der Lebenswelt. Ob man an die Apparatemedizin, die Energieversorgung, das Problem der Kernenergie (und ihrer ethischen Bewertung), dem Einfluß der Kommunikations- und Informationstechniken und der Massenmedien auf die Bewußtseins- und Urteilsbildung denkt oder die veränderte Kriegsführung im Atomzeitalter im Blick hat, die Omnipräsenz technischen Vermögens ist ein wesentlicher Gestaltungsfaktor auch der ethischen Reflexion. Die gesellschaftlichen Folgen der technisierten Lebenswelt werden häufig als Wertewandel oder Normenkrise bezeichnet. Der Wertewandel infolge von Veränderungen in der Lebenswelt und die Auswirkungen des technisch-gesellschaftlichen Wandels auf die persönliche Lebensführung sind zweifellos eine Herausforderung für jede Ethik, unabhängig davon, ob man die Phänomene des Wandels positiv oder negativ, optimistisch (als Wachstumskrise) oder pessimistisch (als Zerfall) bewertet und deutet.

Man könnte fortfahren und weitere Fragestellungen aufzeigen. Erwähnt seien nur noch (einmal) die Herausforderung jeder christlichen und humanen Ethik durch weltweite Ungerechtigkeit, Weltarmut, Welthunger, durch das Elend der Unterentwicklung in der Dritten Welt. Die Programmatik einer „Theologie der Armen", der „Theologie der Befreiung", einer revolutionären Ethik der Veränderung und einer bewußt und entschieden Politischen Theologie erfaßt nicht eine einzelne Konfession und Kirche.

Die soziale Krise in vielen Ländern versetzt in ihrer Vielschichtigkeit die Ethik in schwere Aporien. Dasselbe gilt (anderseits) von den Anfragen aus der feministischen Theologie und von der Kritik der Frauenbewegung an herkömmlichen christlichen Denkmustern, eine Kritik, die teilweise die katholische Kirche in ihrer hierarchischen Struktur und mit ihrem dem Mann vorbehaltenen Priestertum noch schärfer trifft als evangelische Theologie und Kirche. Solche gemeinsamen Herausforderungen der Zeit verschleifen traditionelle Differenzen zwischen den Konfessionen. Sie nötigen zu gemeinsamen, zu gemeinchristlichen neuen ethischen Orientierungen, denen gegenüber konventionelle Vorurteile und Denkschemata zweitrangig werden.

4. Gegenwärtiger Konsens

Die gemeinsame Erfahrung der Herausforderung durch eine nachchristliche Gesellschaft und durch die technische Zivilisation hat auch auf vielen Feldern der ethischen Diskussion zu einem Konsens in Kirchen und Ethik geführt.

Friedensaufgaben

In der Beurteilung der Friedensaufgabe von Christen und Kirchen besteht ein fundamentales Einvernehmen. Das zeigt allein schon ein Vergleich der Denkschrift der EKD „Frieden wahren, fördern und erneuern" (1981) mit dem Wort der Deutschen Katholischen Bischofskonferenz „Gerechtigkeit schafft Frieden" (1983). Die Auseinandersetzung um die Streitfrage, ob der Waffenverzicht, die Wehrdienstverweigerung der gebotene christliche Weg sei und ob eine Friedenssicherung durch Rüstung und militärische Abschreckung christlich vertretbar ist, geht quer durch die innerkirchliche und innerethische Diskussion. Es gibt katholische und evangelische Pazifisten und Atompazifisten – genannt seien beispielsweise auf katholischer Seite „Pax Christi“ und auf evangelischer Seite der Arbeitskreis „Ohne Rüstung leben“ – wie Vertreter der militärischen Sicherung. Der Vorsitzende der Deutschen Bischofskonferenz und der Vorsitzende des Rates der EKD haben folglich eine „Gemeinsame Erklärung an alle Christen in der Bundesrepublik“ (am 23. November 1983) veröffentlicht.

Ökologische Krise

Die gemeinsame Erklärung des Rates der EKD und der Deutschen Bischofskonferenz „Verantwortung wahrnehmen für die Schöpfung“ (1985) hat die Gemeinsamkeit im Schöpfungsverständnis und in der Umweltethik dokumentiert. Auf evangelischer Seite setzte dies voraus eine Überwindung des unheilvollen Dualismus von Natur und Geist, die Wendung zu einer Schöpfungsethik und damit die partielle Öffnung für ein Verständnis des Natürlichen, wie es der Naturrechtsgedanke immer enthält. Auf katholischer Seite fordert dies ein Verständnis für die evangelische Betonung der Geschichtlichkeit von Schöpfung und Natur, wie dies dem biblischen Schöpfungsverständnis entspricht.

Die biblische Sicht betont nämlich die Kontingenz, die Einmaligkeit und Unverfügbarkeit des schöpferischen Handelns Gottes, das sich nicht endgültig in der Statik einer zeitlosen Ordnung festmachen läßt. Die ökologische Ethik verbindet insofern die geschichtliche Aufgabe der Erhaltung und Gestaltung der Schöpfung mit der Anerkennung von immanenten Ordnungsstrukturen der Natur.

Schutz des Lebens und Achtung der Menschenwürde

Die Wahrung der Menschenrechte ist ein gemeinsames kirchliches und ethisches Anliegen. Die Kirchen verstehen sich als Anwalt der Menschenrechte und treten für die Anerkennung der Würde der Person unabhängig von der Zugehörigkeit zu einer Klasse, einer Rasse, einer Nation, einem Geschlecht ein. Sowohl bei der Bewertung der gentechnologischen Manipulation und bei Eingriffen in das vorgeburtliche Leben als auch beim Schutz der Person am Lebensende und dem Eintreten für Menschlichkeit, für ein menschenwürdiges Sterben besteht Einverständnis. Die Abwehr von technischen und wissenschaftlichen Manipulationen am Menschen, die Sorge für behinderte Menschen und für die Leidenden und unheilbar Kranken ist und wird in Zukunft zunehmend eine gemeinchristliche Aufgabe.

Wirtschaftsethik

Die Wirtschaftsethik weist, zumal in der deutschen evangelischen Ethik, ein Defizit auf. Das ist um so erstaunlicher, als Marktwirtschaft und Kapitalismus zuerst in protestantischen Ländern entstanden sind und eine entsprechende Wirtschaftsgesinnung voraussetzen. Die in der evangelischen Ethik des 19. Jahrhunderts übliche Entgegensetzung von persönlicher „innerer" Gesinnung und der Eigengesetzlichkeit der Wirtschaft überließ freilich das Wirtschaften weithin seinem Selbstlauf. Im 20. Jahrhundert tat sich zudem eine Diastase zwischen „christologischer Begründung" der Ethik (Karl Barth) und Wirtschaftsordnung auf. Erst eine neue Besinnung auf die anthropologischen Prämissen und Implikationen von wirtschaftlichem Handeln und Wirtschaftsstilen eröffnet einen Weg zur Wirtschaftsethik. Dabei ergeben sich Konvergenzen zur katholischen Soziallehre und zu den päpstlichen Sozialenzykliken, die ihrerseits die geschichtliche Wandlung und die Dynamik wirtschaftlichen Handelns berücksichtigen. Die pragmatische evangelische Zustimmung zum Subsidiaritätsprinzip, freilich ohne Anerkenntnis der zugrundeliegenden Sozialmetaphysik, ist ein Beispiel für einen Konsens auch in der ethischen Bewertung und Ausrichtung ökonomischen Denkens und Handelns. Eine sehr weitgehende praktische Zusammenarbeit im Entwicklungsdienst der Kirchen und bei sozialen Aktivitäten macht auch nach außen diesen Konsens im praktischen Handeln sichtbar.

5. Weiterbestehende Divergenzen

Trotz dieses umfassenden Konsenses in der Ethik auf vielen Teilgebieten bestehen nach wie vor in einigen Fragen Divergenzen.

Sexualethik

Die katholische Lehre, wie sie die Päpste vertreten, verbietet den Gebrauch antikonzeptioneller Mittel und lehnt folgerichtig auch eine extrakorporale Befruchtung ab. Sie ist ein strikter Gegner der Ehescheidung. Bei der Reform des Schwangerschaftsabbruchs hat sie auch bei Schwangerschaftskonflikten rigoros und absolut das Lebensrecht des Ungeborenen durchzusetzen gesucht. Die evangelische Ethik teilt zwar die Forderung nach einem Schutz des ungeborenen Lebens. Sie tritt ebenso für den Schutz der Ehe und die Achtung sexualethischer Maßstäbe ein. Aber anders als die Sicht des katholischen Lehramtes sieht sie in Konfliktlagen Schwierigkeiten, die absolute Forderung rigoros und ohne Ausnahme geltend zu machen und allenfalls unter bestimmten Voraussetzungen kasuistische Regelungen zuzulassen. Hinsichtlich der absoluten Geltung der ethischen Normen, vor allem in der Sexualethik, und der Nichtberücksichtigung von situationsethischen Gesichtspunkten unterscheiden sich also nach wie vor evangelische und katholische Ethik. Dies tritt vor allem in der Zuordnung von Ethik und Recht zutage. Dementsprechend zeigen sich Divergenzen in der Forderung nach strafrechtlichen Sanktionen im Sexualstrafrecht, bei der Reform des § 218 (Schwangerschaftsabbruch) und beim Zutrauen zur sittenbildenden Kraft des Rechts anläßlich der Eherechtsreform. Die katholische Position neigt dazu, die eigene Sexual- und Eheethik und die kirchlich anerkannte Wertordnung zur Norm staatlicher Gesetzgebung zu machen, wohingegen die evangelische Position stärker auf die Sozialschädlichkeit eines Verhaltens abstellt und den Gesetzgeber darum weniger als sittenbildende Macht beansprucht.

Politische Ethik

Eine andere Divergenz ist eher historisch zu erklären. Die evangelischen Kirchen in Europa waren entweder Volks- und Staatskirchen oder Minderheitenkirchen. Die Minderheitenkirchen in katholischen Staaten standen im Gegensatz zur katholischen Staatsautorität; das war vor allem in der Habsburger Monarchie der Fall. Die Minderheitenkirchen lebten in Distanz zur politischen Macht. Die Staats- und Volkskirchen in evangelischen Territorien identifizieren sich hingegen weitgehend mit der staatlichen Autorität. Luther und das Luthertum forderten, unter Verweis auf Römer 13, die Anerkennung der Obrigkeit als Christenpflicht. Diese Obrigkeitslehre stützte eine Untertanenmentalität und stärkte den Machtstaatsgedanken. Der Nationalismus des 19. Jahrhunderts führte zu einer Verbindung von nationalem und nationalistischem Denken mit Protestantismus.

Dagegen war die römisch-katholische Kirche immer eine Weltkirche. Der Ultramontanismus ist eine Gestalt der Transnationalität der katholischen Kirche. In Deutschland hat erst der Kirchenkampf zur Abkehr vom Nationalprotestantismus und von einer autoritären Staatsidee geführt. Nach 1945 ist der Bruch mit der evangelischen Staatshörigkeit manchmal umgeschlagen in prinzipielles Mißtrauen gegen die Staatsmacht und in eine Forderung nach dem Widerstand als permanenter Christenpflicht. Gerade die politische Ethik ist ein umstrittenes Thema in der evangelischen Theologie und Kirche geworden. Dies führt zu einer pragmatischen Sicht des Staates von den Staatsaufgaben her. Dagegen neigt katholische Ethik stärker dazu, die Autorität der Staatsmacht nur bei schwerwiegendem Machtmißbrauch in Frage zu stellen, und stärkt dadurch die politische Loyalität der Bürger. Außerdem hält sie nach wie vor an einer metaphysisch begründeten Staatsphilosophie fest. Die katholische Ethik des Politischen kennzeichnet eher ein konservativer Zug, wohingegen die evangelische Ethik im 20. Jahrhundert im politischen Urteil zwischen extremen Pendelausschlägen grundsätzlicher Staatshörigkeit und einer gelegentlich ebenfalls kritiklosen Staatsverneinung schwankt.

Kirchliche Autorität

Die Divergenz in der Einstellung zur politischen Macht hängt zusammen mit der unterschiedlichen Beanspruchung innerkirchlicher Autorität. Der eigentliche Gegensatz zwischen evangelischer und katholischer Ethik ist nicht in der Ethik, sondern im Kirchenverständnis zu verorten. Die katholische Ethik hat sich an den Weisungen des kirchlichen Lehramtes, vor allem an den päpstlichen Lehraussagen zu orientieren. Die evangelische Lehre kennt kein institutionalisiertes kirchliches Lehramt, das verbindlich die Glaubens- und Sittenlehre auslegt und definiert; es wäre freilich zu einfach, zu sagen, die evangelische Kirche kenne gar kein Lehramt. Der Prozeß der Lehrbildung ist aber in der evangelischen Kirche komplizierter, umständlicher und zeitraubender. Nur in seltenen Ausnahmefällen kommt es zu Lehrbildungen, gedacht sei hier beispielsweise an die sechs Thesen der Barmer Theologischen Erklärung, 1934. Evangelische Lehrautorität kann sich ferner nicht auf formale Kompetenz, Zuständigkeit, sondern nur auf sachliche Überzeugungskraft berufen. Für katholische Ethik ist in unserer Zeit nach wie vor bedeutsam (und zum Teil auch belastend) die Spannung zwischen lehramtlicher Autorität und wissenschaftlicher Einsicht. Die größere Freiheit evangelischer Ethik in der Vertretung ihrer Argumente und Wertungen erweckt gelegentlich den Eindruck, als sei hier alles nur individuelle Meinung, also beliebig, und als ob der legitime Pluralismus ethischer und theologischer Überzeugungen zu einem grenzenlosen Relativismus führe. Wie dem auch sei – die evangelische Ethik kennt keinen Papst als Garanten der Einheit (auch nicht in der Ethik).

Die Divergenzen zwischen katholischer und evangelischer Ethik haben ihre Wurzeln in der Ekklesiologie. Die Annäherung oder Entfernung zwischen beiden Auffassungen von Ethik sind daher zumeist weniger eine Folge unterschiedlicher moralischer oder theologischer Überzeugungen als vielmehr Indiz des gesamten ökumenischen Klimas. Die Ethik ist nämlich, weil sie die Weltbeziehung des Glaubens thematisch bedenkt, eine Außendarstellung von Kirche. Insgesamt wird freilich das Verhältnis zwischen evangelischer und katholischer Ethik nicht nur von der zukünftigen Entwicklung des ökumenischen Dialogs, sondern mindestens genauso von der gesamten Weltentwicklung, den in der Gesellschaft auftretenden Lebensfragen und dem Weltverhältnis der Kirchen abhängen.

Verbindlichkeit aus den Quellen

Schrift und Tradition aus katholischer Sicht

Von Karl Kertelge

1. Rückblick auf die Reformationszeit

Die Probleme, an denen sich die reformatorische Bewegung Anfang des 16. Jahrhunderts entzündete, waren vor allem *Quellen*-Probleme. Der berühmt-berüchtigte „Ablaßhandel" war allenfalls eine äußere Veranlassung zum Protest Martin Luthers gegen die katholische Kirche. Aber es ging Luther nicht nur um die Revision und Überwindung von veräußerlichten Frömmigkeitsformen der Kirche, sondern letztlich um die Frage, ob und wieweit die Kirche selbst sich in der Regelung des religiösen Lebens der Christen vom Evangelium und damit vom Ursprung des Christentums in Jesus Christus inspirieren ließ. War die Kirche nicht schon so weit vom Geist des Evangeliums entfernt, daß sie nicht mehr fähig war, sich aus diesem ihrem Ursprung zu *erneuern?* Die Zweifel an der Erneuerungsfähigkeit der Kirche, wie sie geschichtlich geworden war, trieben Martin Luther letztlich zum Bruch mit dieser Kirche als Institution und zu einer Erneuerungsbewegung, aus der die Kirche ihre eigentliche, *geistliche* Identität zurückgewinnen sollte.

Zurück zu den Quellen! Das ist in der Tat die Seele jeder echten Reform. Das war schon die entscheidende Antriebskraft der religiösen Erneuerungsbewegungen in den Jahrhunderten vorher, insbesondere der großen Orden des heiligen Dominikus und des heiligen Franziskus im 13. Jahrhundert und der „Devotio moderna" der Brüder und Schwestern vom „gemeinsamen Leben" im 14. und 15. Jahrhundert. Immer ging es darum, die Maßstäbe, die Jesus selbst für seine Jünger gesetzt hatte, erneut wirksam werden zu lassen und in eine veränderte Zeit- und Weltsituation zu übertragen. Solche Erneuerung aus dem Geist des Evangeliums sollte der Kirche zugute kommen, die dadurch klarer und glaubwürdiger wieder die Züge der Nachfolgegemeinde Jesu gewinnen sollte. Das ging nicht immer ohne Konflikte ab. Und das Beispiel der Katharer (davon abgeleitet die geläufig gewordene Bezeichnung „Ketzer") im 12. und 13. Jahrhundert (Albigenser, Waldenser) zeigt, daß solche Bewegungen u. U. auch zum Bruch mit der bestehenden Kirche und aus ihr heraus führen.

Luther wollte allerdings nicht den Bruch mit der Kirche. Und der dezidierte Rückgang zu den Quellen des Christentums erklärt allein nicht, daß Luther für seinen Weg beim Papst in Rom kein Verständnis fand. Es waren gewiß verschiedene Faktoren, die schließlich zu seiner Exkommunikation am 3. Januar 1521 führten. Der Sache nach reichte das Zerwürfnis mit der von der Kirche aufrechterhaltenen Tradition allerdings tief. Kurz gefaßt lassen sich die reformatorischen Anliegen Luthers auf die bekannten Formeln des „sola criptura" (allein die Heilige Schrift) und des „sola fide" (allein durch den Glauben) bringen; zur letzteren sind unter dem Gesichtspunkt der Rechtfertigungslehre auch noch die des „solus Christus" und des „sola gratia" (allein aus Gnade) anzufügen.

Jede dieser Formeln bedarf zu ihrem Verständnis natürlich des Kontextes, in dem sie ihre Bedeutung gewonnen hat. Diese Formeln lassen allerdings auch in ihrer Kürze eine bestimmte, gewollte Einseitigkeit erkennen, durch die die Sache des Evangeliums von vornherein unmißverständlich klar hervortreten sollte. Gewiß ist die *Heilige Schrift* die unüberbietbare Norm des christlichen Glaubens, insofern sie für die Kirche das maßgebliche und verbindliche Zeugnis über Gottes Handeln in Jesus ist. Die unvergleichliche Würde des Gotteswortes in der Heiligen Schrift wird besonders auch im Gottesdienst deutlich, bei dem Leseteile aus dem Alten und Neuen Testament einen festen Platz haben. Die Schrift bedarf aber auch der Auslegung. Neben der Schriftlesung im Gottesdienst steht die auslegende und aktualisierende Verkündigung. Daß solche Auslegung die normierende Wirkung des Gotteswortes nicht mindert, sondern verdeutlicht und stärkt, ist nicht zu übersehen; ebendies sollte auch die Sorge der Kirche sein. Wie beides zusammenwirkt, die Schrift und die Auslegung und Verkündigung der Kirche, darüber haben sich seit der Reformationszeit konfessionell bedingte unterschiedliche Auffassungen herausgebildet.

Etwas Ähnliches gilt auch für das *„sola fide“*. Daß der Mensch „allein aus Glauben“ gerechtfertigt wird von Gott – ohne Zutun menschlicher Werke, die ein Verdienst vor Gott begründen könnten, wird zum A und O, zum „articulus stantis et cadentis ecclesiae“ für die reformatorische Bewegung und die daraus hervorgegangene evangelische Kirche. Die Reformatoren wandten sich mit dem pointiert herausgestellten Glaubensprinzip zunächst gegen die verbreitete Auffassung, daß der Glaube werktätig sein müsse. Der bekannte Satz der Ablaßprediger ist ein besonders drastischer Ausdruck der von den Reformatoren abgelehnten Einstellung: „Wenn das Geld im Kasten klingt, die Seele aus dem Feuer springt.“ Nicht das Geld, nicht die „guten Werke“ – in welcher Form auch immer – lassen den Menschen vor Gott bestehen, sondern „allein der Glaube“. Hierfür war die Heilige Schrift die Berufungsinstanz, besonders die Verkündigung des Paulus nach Gal 2,16 (ähnlich wie Röm 3,28) : „Wir wissen, daß der Mensch nicht durch Werke des Gesetzes gerecht wird (vor Gott), sondern (allein) durch den Glauben an Jesus Christus.“ Das Wörtchen „allein“, das nicht ausdrücklich im Text steht, ist sinngemäß aber berechtigt. Durch die solcher Art streng gefaßte Rechtfertigungslehre mußte sich die katholische Kirche allerdings herausgefordert fühlen. Was heißt hier „Glaube“? Genügt im Sinne des biblischen Glaubensverständnisses ein reines *Vertrauen* auf Gott und das „Werk“ Christi? Also Vertrauensglaube? Oder gehört zu diesem Glauben nicht auch all das, was sonst die Kirche zu glauben lehrt, etwa die Unverzichtbarkeit der Liebe? Und bedarf der Glaube, um wirklich christlich zu sein, nicht auch der Werke der Liebe? Also doch Werke?

Die sehr pointiert vertretenen Thesen der Reformatoren hatten nicht nur die Absage der katholischen Kirche an sie zur Folge, sondern die um sie entstandenen Diskussionen führten schließlich auch zum Konzil von Trient, das in mehreren zeitlichen Abschnitten zwischen 1545 und 1563 sich besonders mit den Herausforderungen der Reformation befaßte und dazu eine dogmatisch verbindliche Antwort formulierte. Sie ist in den wichtigen Fragen der Lehre von der Rechtfertigung und den Sakramenten die maßgebliche katholische Lehre in der Neuzeit geworden. Mehr noch aus weiteren, sekundären Erklärungen der Lehre des Trienter Konzils einerseits und der reformatorischen Thesen anderseits als aus diesen selbst entstanden die sog. „Unterscheidungslehren", die je auf ihre Weise der evangelischen und der katholischen Kirche ihre konfessionsspezifische Prägung gaben.

Durch den ökumenischen Dialog in unserem Jahrhundert und die dabei erreichten Klärungen erscheinen manche Gegensatzformulierungen der Vergangenheit heute obsolet. Hierbei dürfte nicht zuletzt auch die entschiedener gestellte Frage nach den *Quellen christlichen Lebens* zu einer vertieften theologischen Besinnung auf das, was die getrennten Kirchen immer noch verbindet, geführt haben.

2. Die Bedeutung der Quellenfrage für die Ökumene heute

Die Frage nach den Quellen des christlichen Glaubens und Lebens hat am Anfang der Neuzeit den *Gegensatz* der Konfessionskirchen begründet. Wenn nicht alles täuscht, dürfen wir heute von einem erneuten Rückgang auf die Quellen des Christentums eher eine *Überwindung* der entstandenen Kirchenspaltung erwarten als deren Vertiefung und Fortführung. Dies ist gerade an den klassischen Standards der Reformation zu verdeutlichen.

Die Autorität der Schrift

Die Reformatoren legten im Sinne des *Sola-Scriptura-Prinzips* auf die alle kirchliche Autorität überragende Norm der Heiligen Schrift besonderen Wert. Die Heilige Schrift bietet uns das Wort Gottes, das *die* Quelle des Glaubens und des Lebens in der Gemeinschaft mit Gott ist. An der unvertretbaren und unverzichtbaren Autorität des Wortes Gottes ist unter Christen nicht zu rütteln. Insofern Gott „ehemals … durch die Propheten" und „in dieser Endzeit durch den Sohn gesprochen hat" (Hebr 1,1–2), ist sein Wort fest mit der Heiligen Schrift des Alten und Neuen Testaments verbunden. Denn beide Testamente bezeugen, daß Gottes Wort an die Menschen ergangen ist, eben in der doppelten Gestalt des prophetischen Verheißungswortes und des messianischen Erfüllungswortes. Die Heilige Schrift des Alten und Neuen Testaments ist also das verbindliche Zeugnis von dem Wort, mit dem Gott zu den Menschen gesprochen hat. Eben dies gilt es heute auch bei einem veränderten Selbstverständnis der *Bibelwissenschaft* festzuhalten.

Das in der Neuzeit entwickelte kritische Geschichtsverständnis hat vor den Toren der Theologie nicht haltgemacht. Die Bibel ist und bleibt auch für die historisch-kritisch arbeitende Theologie Ausgangspunkt und Grundlage ihres wissenschaftlichen Bemühens. Aber dabei wird heute deutlicher zwischen der geschichtlichen Entstehung der einzelnen biblischen Schriften, die von bestimmten menschlichen Autoren verfaßt wurden, und dem Anspruch dieser Schriften, das Wort Gottes zu vermitteln, unterschieden. Eine ältere Auffassung begnügte sich mit der Auskunft, daß die einzelnen Bücher der Heiligen Schrift „inspiriert" seien, also unter dem maßgeblichen Einfluß des Heiligen Geistes entstanden seien. Und diese Inspiration erstrecke sich auch auf die Buchstabengestalt der Heiligen Schrift („Verbalinspiration"), so daß sich aus Pietät vor dem „heiligen Text" jede sachkritische Rückfrage nach dem Inhalt der einzelnen Bücher verbiete.

Es ist verständlich, daß das gewandelte Verständnis von

der Heiligen Schrift als einem Buch, dessen Inhalte mit historisch-kritischer Methode untersucht und erklärt werden können, auch Auswirkungen auf die Einschätzung ihrer einmaligen Autorität als Wort Gottes haben mußte. „Wort Gottes" ist die Heilige Schrift, insofern sie in ihren einzelnen Schriften das durch die Propheten und schließlich durch den Sohn Jesus Christus ergangene Offenbarungswort Gottes *bezeugt* und in einer je besonderen, geschichtlich gewachsenen Gestalt auch *„enthält"*. Dieses Zeugnis der biblischen Zeugen, der Autoren wie auch ihrer Gewährsleute, gilt es zu verstehen und in die Gegenwart zu übersetzen. Eben dies ist die Aufgabe der Theologie. Eine so verstandene Theologie weiß um den geschichtlichen Charakter der Heiligen Schrift, der sie nicht daran hindern muß, mit ihren wissenschaftlichen Möglichkeiten auch der *Verkündigung* des Gotteswortes in und durch die Kirche zu dienen.

Diese Unterscheidung zwischen dem geschichtlich bedingten Zeugnischarakter der Schriften und dem letztverbindlichen Anspruch des durch sie bezeugten Offenbarungswortes gestattet uns heute, die Frage nach der unvergleichlichen Autorität der Heiligen Schrift differenzierter anzugehen. Letztverbindliche Autorität kommt der Heiligen Schrift zu, insofern sich Gottes Offenbarungswort in ihr bezeugt. In diesem Sinne sind die einzelnen Bücher als inspiriert anzusehen: aus der Autorität des Geistes Gottes stammend. Aber Gottes Wort ist nicht toter Buchstabe, sondern lebendig wirkende Kraft. Hierzu bedarf es des weitergehenden Zeugnisses durch die Kirche, wie anderseits auch die schriftliche Form des Wortes Gottes in der Bibel eine vorausgehende – zunächst mündliche – Bezeugung seines Anspruchs in der biblischen Geschichte voraussetzt. Mit anderen Worten: Das Wort Gottes in der Gestalt der Heiligen Schrift gibt es nicht ohne seine lebendige, geschichtliche Vermittlung und *Überlieferung*.

Damit ist ein konfessionsspezifisches Element *katholischer* Theologie angesprochen. Die Heilige Schrift bewahrt und entwickelt ihre Autorität im engen Zusammenhang mit der „Überlieferung“. Dabei sollte Überlieferung allerdings nicht als ein materialer Zusatz zum Wort Gottes in der Heiligen Schrift verstanden werden, sondern als dessen Ausdrucksform, auf deren Mithilfe die Heilige Schrift angewiesen ist und bleibt, wenn sie nicht toter Buchstabe, sondern lebendige Verkündigung sein soll.

Damit erscheint allerdings das „*allein* die Heilige Schrift“ hinsichtlich seiner exklusiven Formulierung relativiert. Es darf aber gefragt werden, ob eine so verstandene lebendige Tradition durch diese Formulierung wirklich ausgeschlossen werden sollte. Die Tradition in diesem theologisch qualifizierten Sinne ist nicht eine mit der Heiligen Schrift konkurrierende Autorität, sondern die sie zur Geltung bringende und daher notwendige Helferin im Dienst am Wort Gottes.

So jedenfalls ist die „Kirche“ und kirchliche Verkündigung im Verhältnis zum Wort Gottes zu verstehen. Die Kirche ist in ihren Gliedern die berufene Verkünderin des Wortes Gottes. In dieser Berufung findet auch das geistliche Amt in der Kirche, ja, auch das kirchliche Lehramt, seine eigentliche Legitimation. Das Zweite Vatikanische Konzil sagt hierzu: „Das Lehramt ist nicht über dem Wort Gottes, sondern es dient ihm, indem es nichts lehrt, als was *überliefert* ist.“ Gewiß bleibt hier weiter zu überlegen, was nach diesem Wort des Konzils zur „Überlieferung“ gehört. Prinzipiell steht wohl nichts im Wege, diese Überlieferung inhaltlich weitgehend mit dem von der Heiligen Schrift Überlieferten gleichzusetzen und die „Lehre“ der Kirche als dessen Auslegung zu verstehen. Daß solche Auslegung, wenn sie den Menschen ansprechen soll, immer auch theologisch reflektiert und verantwortet sein muß, daran wird auch das Lehr- und Verkündigungsamt der Kirche nicht vorbeigehen wollen und können.

Aus dem Hören des Gotteswortes entsteht der *Glaube,* den die Reformatoren als das alleinige Heilsprinzip verkündeten. *„Sola fide“,* allein durch den Glauben wird der Mensch gerechtfertigt. Mit dieser dezidiert formulierten These konnte sich Martin Luther auf den Apostel Paulus selbst berufen. So sagt Paulus in Röm 3,28, wo er seine Rechtfertigungslehre kurz und bündig zusammenfaßt: „Denn wir sind der Überzeugung, daß der Mensch gerecht wird durch Glauben, unabhängig von Werken des Gesetzes“ (Einheitsübersetzung). Und katholische Exegeten haben keine Schwierigkeit damit, Luther an dieser Stelle zu folgen, wenn er in seiner Übersetzung hervorhebt: „*allein* durch den Glauben“; so etwa Otto Kuss in seinem Römerbriefkommentar von 1957. Luther wandte sich mit der Betonung des „*sola* fide“ gegen die Verdienstfrömmigkeit der spätmittelalterlichen Kirche. Paulus war es in der urchristlichen Situation um die Abwehr der judaistischen Versuchung zu tun, den für Christen zweifellos unverzichtbaren Glauben an Jesus Christus zu *ergänzen* oder gar „aufzubessern“ durch eine Lebenspraxis, die den Forderungen des mosaischen Gesetzes Genüge tun wollte, insbesondere durch Beschneidung und rituelles Brauchtum. Deswegen konnte er in Gal 5,4 so scharf formulieren: „Wenn ihr also durch das Gesetz gerecht werden wollt, dann habt ihr mit Christus nichts mehr zu tun; ihr seid aus der Gnade herausgefallen.“ Paulus spricht damit das Problem von *Glaube und Gesetz* an. Daß die paulinische Alternative bei Luther wegen ihrer antithetischen Schärfe gegen die Überschätzung verdienstvoller „guter Werke“ eingesetzt wurde, versteht sich aus der an Paulus orientierten biblischen Hermeneutik Luthers.

Allerdings ist damit in keiner Weise das Problem der *christlichen Ethik* gelöst. Der Christ lebt aus der Gnade Gottes und vertraut darauf, mit der Gabe des Heiligen Geistes in Glaube und Taufe auch den ersten Anteil an der endgültigen Erlösung empfangen zu haben (vgl. Röm 8,23 f.). Aber die unverdient dem Glaubenden mitgeteilte Gnadengabe fordert sein „Mit-Wirken" an, seine ganzheitliche Ein-Stimmung in dieses Geschenk. So kann Paulus die Christen dazu ermahnen, sich selbst als „lebendiges und heiliges Opfer darzubringen, das Gott gefällt" (Röm 12,1). Dieser wahre, das ganze Leben des Christen umfassende Gottesdienst ist Ausdruck des Gott geschuldeten Dankes für seine Gabe; zugleich wird in einem solchen „Gottesdienst" des Lebens die von Gott geschenkte Rechtfertigung *konkret*. Eben darauf legen evangelische und katholische Theologen in der Auslegung der paulinischen Gnadenbotschaft großen Wert. Unser Lebensgehorsam *verdient* sich nicht die Gabe Gottes, sondern eignet sie sich an und läßt sie im christlichen Leben konkret werden. Der Glaube, der „allein" rechtfertigt, darf also nicht auf einen rein passiven Vertrauensglauben („Fiduzialglaube") reduziert werden. Das unbedingte Vertrauen auf das entgegenkommende Gnadenwirken Gottes ist gewiß der Kern dieses paulinisch-christlichen Glaubensbegriffs. Aber zugleich weitet sich dieser Begriff auch auf eine ständig durch Gottes Gnade angeforderte Praxis des Glaubens*lebens* aus. Evangelische Theologen können in diesem Sinne auch Luther interpretieren, der den „toten Glauben" ebenso wie der Jakobusbrief (2,26) nicht für christlich hielt, wenngleich er die Forderung der „guten Werke" in Jak 2,14–26 für schwer vereinbar mit der paulinischen Rechtfertigungslehre hielt.

Gnade und Sakrament

Luthers These vom allein rechtfertigenden Glauben hatte allerdings auch eine direkt kirchen- und sakramentskritische Spitze. Wenn nur die *Gnade* gilt, die Christus in Tod und Auferstehung den Menschen verdient hat, und diese Gnade durch den Glauben empfangen wird, so war damit auch die Frage aufgeworfen, welche Bedeutung das traditionell so verstandene heilsmittlerische Wirken der Kirche haben sollte. Die Kirche weiß sich dazu berufen, die Sakramente als wirksame Zeichen der allein rettenden Gnade Gottes zu verwalten; und so ist die Kirche vermittelnd am

Gnadenwirken Gottes beteiligt. Die hiermit gestellte Frage nach der Bedeutung der Sakramente und dem damit verbundenen Heilsdienst der Kirche soll an dieser Stelle nicht weiter behandelt werden (siehe dazu den Beitrag von O. H. Pesch). Aber es scheint sinnvoll und notwendig, im Zusammenhang mit der Frage nach den „Quellen des christlichen Lebens“ auch die Bedeutung der *heilsvermittelnden Sakramente* – nach dem Neuen Testament besonders deutlich: von Taufe und Eucharistie – mit zu bedenken. Dabei gilt es gewiß theologisch zu unterscheiden. Die Sakramente haben eine *mediale* Bedeutung für die Wirksamkeit der Gnade Gottes. Sie gelten deswegen auch als von Jesus Christus eingesetzt. Aber gerade deswegen sind sie Quellen des Heiles und des christlichen Lebens immer nur im Rückbezug auf die „Primärquelle“ Jesus Christus. Das „Ursakrament“ ist und bleibt Jesus Christus. Dieses Wort ist in der neueren Theologie zu einer „Kurzformel“ des Glaubens geworden, die seit dem Zweiten Vatikanischen Konzil verstärkt Eingang in den theologischen Sprachgebrauch gefunden hat – bis hinein in den neuen Katholischen Erwachsenen-Katechismus (S. 319). Diese theologische Formel läßt umgekehrt auch das Verhältnis von Kirche und Sakramenten in einem neuen Licht erscheinen. Wie die Sakramente, so kann auch die Kirche ihren heilsmittlerischen Dienst immer nur als einen auf Jesus Christus bezogenen und von ihm abgeleiteten vollziehen. Dieses Verständnis von Kirche scheint durchaus geeignet, um verfestigte Positionen in der Ekklesiologie zwischen den getrennten Kirchen für ein weiterführendes ökumenisches Gespräch aufzulockern.

3. Konsequenzen – Ausblick

Die Rückfrage nach den „Quellen christlichen Lebens“ gibt der ökumenischen Bewegung heute starke theologische Impulse. Es ist allerdings nicht zu erwarten, daß der „Fortschritt“ in der ökumenischen Annäherung der getrennten Kirchen allein durch die möglichst „lösende“ theologische Behandlung der bekannten Unterscheidungsfragen erreicht würde. Dazu bedarf es immer auch einer entsprechenden ökumenischen *Spiritualität*. Das bedeutet konkret für die hier angesprochenen Fragen: Im Umgang mit der Heiligen Schrift muß das Wort Gottes unter uns wachsen. Im Rückgang auf die Heilige Schrift haben Christen zu lernen, daß die Schrift nicht eine Berufungsinstanz für vorgefertigte Meinungen und Thesen ist, sondern ein Mittel in der Hand Gottes, durch das er uns die „Wahrheit“ sagt. Christen müssen sich vom Wort Gottes betreffen lassen – gewiß immer auch durch die Unterstützung der möglichen und gebotenen Verstehenshilfen. Aber das Entscheidende ist dann doch, daß wir die Geduld im Umgang miteinander nicht aufgeben, wie sie ja auch Jesus selbst im Umgang mit seinen schwer verstehenden Jüngern üben mußte. Und *ihr* Zeugnis ist immerhin in die Heilige Schrift eingegangen, die wir als den verbindlichen Ausdruck des Wortes Gottes schätzengelernt haben.

Verbindlichkeit aus den Quellen

Schrift und Tradition aus evangelischer Sicht

Von Bernhard Lohse

1. Die Heilige Schrift als maßgebende Quelle christlichen Lebens

Das christliche Leben meint einmal die Glaubensüberzeugungen, wie sie ihren Ausdruck gefunden haben in dem apostolischen oder dem nizänischen Glaubensbekenntnis, zum anderen aber auch diejenigen Lehren, die entweder als Dogmen oder als Bekenntnisse bzw. Lehraussagen der Kirchen verstanden werden. Außer diesem Komplex dogmatischer Aussagen und Überzeugungen gehören zum christlichen Leben aber auch diejenigen Bereiche, in denen es um die Ethik des Einzelnen wie der Gesellschaft geht, weiter aber auch diejenigen Gebiete, die zu der Frömmigkeit, der Meditation, der geistlichen Zucht gezählt werden. Das christliche Leben ist somit die Summe der Überzeugungen und Verhaltensweisen, die in einem ausgesprochenen Sinne als christlich, also nicht einfach als allgemeinmenschlich, angesehen werden. Es versteht sich damit von selbst, daß der Bereich des christlichen Lebens weitere Gebiete umfaßt als die zahlenmäßige Mitgliedschaft in den christlichen Kirchen, wie anderseits zuzugeben ist, daß manche Menschen, die Mitglied in einer christlichen Kirche sind, sich entweder in bestimmten Fragen oder auch überhaupt nur wenig um die Quellen des christlichen Lebens kümmern und auch nur wenig nach der Christlichkeit ihres eigenen Lebens und Handelns fragen.

Die entscheidende und letztlich für alle christlichen Kirchen maßgebende „Quelle des christlichen Lebens" ist selbstverständlich die Heilige Schrift. Dies muß ohne jede Einschränkung auch für die römisch-katholische Kirche gesagt werden. In der Zeit der heftigen Auseinandersetzungen zwischen Katholiken und Protestanten konnte es zuweilen so scheinen, als sei allein im evangelischen Bereich die Heilige Schrift die entscheidende Autorität, während im katholischen Bereich Papst und Tradition zu bestimmen hätten. Eine solche Auffassung kann jedoch nur als eine grobe Entstellung der römisch-katholischen Position, im Grunde aber auch der evangelischen Auffassung bezeichnet werden. Was Rom betrifft, so ist die Autorität der Heiligen Schrift etwa in den einschlägigen Aussagen des Trienter Konzils hinreichend klar betont worden. Evangelischerseits ist die Tradition in ihrem Gewicht eigentlich auch zu allen Zeiten gesehen worden. In der Forschung und besonders im interkonfessionellen Dialog der letzten Jahrzehnte ist der komplexe Zusammenhang zwischen Schrift und Tradition mehr und mehr deutlich geworden.

2. Der reformatorische Ansatz und seine Folgen

Trotzdem gab es und gibt es auch heute hier Unterschiede. Der Grundsatz „Die Schrift allein" gibt die reformatorische Auffassung wieder, während katholischerseits gegen die Reformation die Formel „Schrift und Tradition" verteidigt worden ist. In dem Streit zwischen Luther und Rom ging es unter anderem vor allem um die Bedeutung der „guten Werke" und um die Heilsgewißheit. Luther stützte sich für seine These von der „Rechtfertigung allein durch den Glauben" vornehmlich auf Paulus, aber auch auf andere Schriftaussagen. Freilich, die von Luther bekämpfte „Werkgerechtigkeit" ist nicht die genuine römisch-katholische Auffassung, obwohl sie im Spätmittelalter weit verbreitet war. Besonders die augustinische Tradition der Rechtfertigungslehre, die im Mittelalter vor allem von Petrus Lombardus und von Thomas von Aquin in eigener Weise aufgenommen worden war, stand im Grunde der lutherischen gar nicht so fern, auch wenn es in der Frage der Heilsgewißheit manche Unterschiede gab.

Der Grundsatz „Die Schrift allein" hatte in dem Konflikt zwischen Luther und Rom vornehmlich eine kritische Funktion. Man kann den Streit zwischen Luther und Rom als einen Normenkonflikt bezeichnen. In der mittelalterlichen Theologie sind als verbindliche Normen vielfach die Heilige Schrift, die Kirchenväter, Konzilsentscheidungen und die Vernunft nebeneinander genannt worden, ohne daß hier eine strikte Rangfolge unterschieden werden könnte. Die Heilige Schrift gehörte zu der umfassenden Tradition, wie sie der Kirche überkommen war und von ihr bewahrt wurde. Ein Gegensatz zwischen Aussagen der Heiligen Schrift und den anderen Normen ist kaum je behauptet worden. Nur in wenigen Fällen, wie besonders bei den Auseinandersetzungen zwischen Wyclif und Hus mit den kirchlichen Autoritäten ihrer Zeit, ist es in gewisser Weise zu Konflikten gekommen, die sich mit dem Streit zwischen Luther und Rom vergleichen lassen.

Neu war der Grundsatz „Die Schrift allein" vor allem insofern, als Luther und die anderen Reformatoren auf den Urtext des biblischen Wortes zurückgingen, diesen Urtext nach dem Grundsatz deuteten, daß „die Heilige Schrift sich selbst auslegt" und die Schrift im ganzen von ihrer „Mitte" her, also von Jesus Christus her, interpretierten. Die reformatorische Exegese bedeutete eine gewaltige Verbesserung der Auslegungsmethode und war nicht nur der mittelalterlichen, sondern auf lange hinaus auch der römisch-katholischen weit überlegen. Kritisch bedeutete die reformatorische Exegese, daß die Heilige Schrift primär nicht von Konzilsentscheidungen und von der traditionellen Schriftauslegung her gelesen werden müsse. Katholischerseits hingegen wurde die lateinische Bibelübersetzung, die „Vulgata", in theologischen Fragen für verbindlich erklärt. Damit befand man sich eindeutig in der Defensive gegenüber der protestantischen Exegese. Diese beachtete freilich oft zu wenig den Zusammenhang zwischen Schrift und Kirche.

Die Folgen des neuen reformatorischen Grundsatzes „Die Schrift allein" reichen bis in die Gegenwart hinein und prägen, obwohl in beiden großen Kirchen im Laufe der Zeit vielfältige Entwicklungen stattgefunden und sich die zwischenkirchlichen Beziehungen wesentlich verbessert haben, noch immer die protestantische Theologie und Frömmigkeit entscheidend. Das Bibelwort wurde und wird wesentlich als Gottes Wort gelesen, gepredigt und gehört. Im Bereich der evangelischen Kirchen ist die Kenntnis der Bibel, das Leben mit dem Bibelwort trotz der weit vorangeschrittenen Säkularisierung noch immer sehr viel weiter verbreitet als in der römisch-katholischen Kirche. Tägliche Bibellektüre ist auch heute noch – sofern sie praktiziert wird – eher eine evangelische als eine römisch-katholische Sitte. Aus diesem intensiven Umgang mit der Bibel haben Theologie und Frömmigkeit im gesamten Protestantismus bis heute die entscheidenden Anregungen erhalten.

3. Probleme von Engführungen

Freilich ist zuzugeben, daß diese Direktheit der Beschäftigung mit der Bibel als Gottes Wort auch ihre eigenen Probleme hat, die in der Geschichte des Protestantismus je und dann deutlich hervorgetreten sind. Zunächst, die Heilige Schrift ist nicht in dem Sinn „eindeutig", wie es die Reformatoren ursprünglich gemeint hatten. Trotz der großen Fortschritte in der Bibelauslegung, zu denen es im Gefolge der Reformation kam, hat sich vielmehr herausgestellt, daß es nicht nur bei Randfragen, sondern auch in zentralen Problemen Differenzen in der Schriftauslegung gibt, welche nicht einfach von den reformatorischen Auslegungsgrundsätzen her überwunden werden können. Sodann, die Differenzen in dem Verständnis der Bibel oder zumindest bei wichtigen Teilen oder Aussagen der Bibel haben im Protestantismus zur Bildung einer Vielzahl von Denominationen geführt, die zwar alle Entscheidendes dem reformatorischen Erbe verdanken, die aber doch voneinander in der Mehrzahl nicht unbeträchtlich unterschieden sind. Weiter, diese Differenzen und die Unmöglichkeit, sie von der Schrift her zu überwinden, haben die Frage laut werden lassen, wer denn im protestantischen Bereich Lehrstreitigkeiten entscheiden könne.

Haben sich somit im protestantischen Bereich gewisse Schwächen und Mängel gezeigt, die von dem reformatorischen Ansatz her nicht ohne weiteres überwunden werden können, so gilt Entsprechendes auch für die römisch-katholische Position. So gewiß das Trienter Konzil in Lehre und Leben auf die Dauer zu einer beträchtlichen Erneuerung der römisch-katholischen Kirche geführt hat, so sind doch auch im römisch-katholischen Bereich gewisse Engführungen und Einseitigkeiten eingetreten, die sich je länger um so mehr nachteilig bemerkbar gemacht haben. Zunächst, die gegen das reformatorische Schriftprinzip geprägte Formel „Schrift und Tradition“ führte faktisch dazu, daß die Heilige Schrift im neuzeitlichen Katholizismus geringere Bedeutung hatte als in der alten Kirche und im Mittelalter. Sodann, die Abgrenzung gegen die Reformation sowie die Bekämpfung aller Häresien, die auch nur von fern an reformatorische Positionen erinnern konnten, ließen das Gewicht des päpstlichen Lehramtes immer stärker werden, während die Bedeutung der Bischöfe und auch des synodalen Elementes demgegenüber mehr und mehr zurücktrat; vollends wurde der Gedanke des allgemeinen Priestertums lange Zeit unterdrückt, weil er im Verdacht stand, die reformatorische Theologie zu begünstigen. Weiter, die Konzentration und die Straffung der Disziplin vermochten zwar dem neuzeitlichen Katholizismus eine Geschlossenheit zu geben, wie sie weder die alte noch die mittelalterliche Kirche besessen hatten. Zugleich schloß sich die römisch-katholische Kirche damit aber doch in unguter Weise von wichtigen geistigen, theologischen und politischen Entwicklungen in der Neuzeit ab, während der Protestantismus sich diesen im ganzen, freilich manchmal zu schnell, öffnete.

4. Begegnungen und Annäherungen

Erst durch die ökumenische Bewegung, durch die Erneuerung der katholischen Theologie etwa seit den 30er Jahren des 20. Jahrhunderts sowie besonders durch die „Öffnung“ der katholischen Kirche, wie sie durch das Zweite Vatikanische Konzil herbeigeführt wurde, kam es zunächst im Bereich der Theologie, in den letzten Jahrzehnten aber in wachsendem Maße auch auf hoher kirchlicher Ebene zu einer unvoreingenommenen, intensiven Begegnung zwischen katholischer und evangelischer Frömmigkeit und Theologie. Diese Begegnung, die ihren Ausdruck besonders in der Bemühung um die verantwortungsvolle Aufarbeitung der Fragen, welche zur Kirchenspaltung des 16. Jahrhunderts geführt hatten, sowie in der Erörterung der konfessionellen Differenzen fand, hat weithin zu einer veränderten Situation bei den zwischenkirchlichen Beziehungen geführt. Man stellte fest, daß die Kirchenspaltung zwar auch Fortschritte und Vertiefungen bei der Erkenntnis der Glaubenswahrheit, aber eben doch auch Engführungen und Verkürzungen mit sich gebracht hat. Man erkannte, daß bestimmte Glaubensüberzeugungen der einen Kirche in der anderen Kirche faktisch unter anderen Begriffen oder Vorstellungen vorhanden sind. Man kam zu der Folgerung, daß viele Formeln, die als spezifisch reformatorisch oder katholisch galten, nicht exklusiv gegen die andere Konfession gerichtet werden dürfen, sondern inklusiv als die ganze Glaubenswahrheit mit umfassend verstanden werden müssen. Man kam sogar zu der Überzeugung, daß unbeschadet der noch fortbestehenden Differenzen die Verurteilungen der je anderen Kirche, wie sie im 16. Jahrhundert ausgesprochen worden waren, den heutigen Partner nicht mehr betreffen. Offen blieb dabei naturgemäß, ob diese Verurteilungen im 16. Jahrhundert von der Sache her berechtigt waren oder nicht.

Für die Heilige Schrift als Quelle des christlichen Lebens bedeutet dies, daß die römisch-katholische Kirche sich stärker als je zuvor dem ganzen Reichtum der Heiligen

Schrift öffnet. Der reformatorische Grundsatz „Die Schrift allein“ kann heute, wenn auch mit manchen Absicherungen, auch katholischerseits vertreten werden, nämlich sofern die Heilige Schrift im Blick auf die kirchliche Rezeption verstanden wird. Hingegen ist es für die katholische Kirche auch heute nicht möglich, einen Normenkonflikt zwischen Heiliger Schrift und kirchlichem Lehramt auch nur für möglich zu halten. Insofern bleiben hier trotz erheblicher Annäherungen bedeutsame Unterschiede in der Gewichtung und in dem Verständnis des Schriftprinzips.

In entsprechender Weise sieht man in der evangelischen Kirche und Theologie, daß es nicht angeht, undifferenziert die Autorität der Heiligen Schrift gegen die Tradition geltend zu machen. Dagegen spricht insbesondere die von der Exegese gewonnene Erkenntnis, daß die Schrift selbst, zumindest in wichtigen Teilen, das Ergebnis eines Traditions- und Rezeptionsprozesses darstellt. Auch wird gesehen, daß man die Heilige Schrift nicht lösen kann von dem späteren Vorgang der Auslegungsgeschichte, in welcher es zuweilen zu unterschiedlichen Akzentuierungen gekommen ist, die sich jedoch nicht gegenseitig ausschließen müssen. Hingegen bleibt die evangelische Kirche dabei, daß die Heilige Schrift allen anderen Aussagen der Kirche oder einzelner Theologen als kritische Instanz vor- und übergeordnet bleibt. Insofern gibt es auch hier trotz erheblicher Annäherungen weiterhin wichtige Differenzen bei der Wertung der Tradition.

Ähnliches wie für die Relevanz der Heiligen Schrift und der Tradition gilt nun auch für die Bedeutung, welche bestimmte Einzelgestalten und Bewegungen in den Kirchen haben. Auch hier ist es zu einer beträchtlichen Annäherung gekommen. Freilich sind in dieser Hinsicht die Differenzen zwischen den großen Kirchen zu allen Zeiten geringer gewesen als bei dem Schriftprinzip und dem Verhältnis zwischen Schrift und Tradition. Die Reformation hat bei aller Kritik an bestimmten Entscheidungen der mittelalterlichen Kirche sowie an der Scholastik doch andere Traditionen der mittelalterlichen Kirche stets zu würdigen gewußt. Insbesondere haben die Mystik und die spätmittelalterliche Frömmigkeit der Devotio moderna eigentlich zu allen Zeiten auch in der evangelischen Kirche Einfluß ausgeübt. Zwar haben die von Luther sogenannten Schwärmer ebenfalls an diese Frömmigkeitsrichtungen des späten Mittelalters angeknüpft und insofern zu einer Krisis des Spiritualismus im reformatorischen Christentum geführt; trotzdem hat der Einfluß von Mystik und Devotio moderna auch in der Blütezeit der lutherischen Orthodoxie angehalten.

Entsprechend hat es auch einen Einfluß reformatorischer Frömmigkeit in dem katholischen Christentum gegeben, der sich freilich in stärkerem Maße unter der Oberfläche bemerkbar machte. Wenn auch katholischerseits die reformatorischen Formeln „allein aus Gnade, allein durch den Glauben" im Bereich theologischer Aussagen mit Nachdruck abgelehnt wurden, so hat es doch in der gelebten Frömmigkeit immer wieder katholische Bewegungen und Gestalten gegeben, die an diese reformatorischen Aussagen anknüpften, obwohl sie damit keineswegs den Boden der katholischen Kirche verlassen wollten. In diesem Sinne haben insbesondere manche Mystiker im neuzeitlichen Katholizismus reformatorische Gedanken aufgenommen. So hat sich auf der Ebene der Frömmigkeit ein Austausch zwischen beiden Kirchen vollzogen, wie er in der Theologie erst sehr viel später möglich wurde.

Wurde lange Zeit in beiden Kirchen eher ohne Namensnennung als offen an einzelne oder an Bewegungen aus der Tradition der anderen Kirche angeknüpft, so gibt es neuerdings Einflüsse über die Konfessionsgrenzen hinweg, die bewußt und bereitwillig aufgenommen werden. Dafür seien einige Beispiele genannt. Zunächst, besonders auffällig ist im protestantischen Bereich das Entstehen von Kommunitäten, die zwar nicht in dem gleichen Sinne wie in der katholischen Kirche „Orden" sind, die aber doch bewußt und absichtlich wesentliche Momente der monastischen Tradition der alten Kirche und des Mittelalters unter gewisser Anpassung an reformatorische Gedanken aufnehmen.

Sodann, hatte man evangelischerseits mit der Ablehnung der Heiligenverehrung vielfach auch die Bedeutung von Vorbildern bei der Verwirklichung des christlichen Glaubens ignoriert. So gibt es inzwischen eine ganze Reihe von katholischen Heiligen, die auch im evangelischen Christentum Einfluß und Bedeutung haben; eine Heiligenverehrung ist damit evangelischerseits jedoch nicht gegeben. Weiter, besonders wichtig sind manche Entwicklungen in der evangelischen Stellung gegenüber Maria. Auch hier bleiben Unterschiede der Theologie und der Frömmigkeit. Und doch hat sich hier bei dem gegenseitigen Nehmen und Geben zwischen den Konfessionen eine Entkrampfung, eine größere Unbefangenheit eingestellt, so daß man dankbar auch auf geistliche Entwicklungen und Erfahrungen der anderen Kirche zurückgreift.

Das „Lutherjahr" 1983, in welchem der 500. Wiederkehr von Luthers Geburtstag gedacht wurde, hat deutlich gemacht, daß es heute auch katholischerseits möglich ist, Gestalten und Formen des evangelischen Christentums zwar gewiß nicht unkritisch, aber doch dankbar und anerkennend aufzunehmen. Noch vor wenigen Jahrzehnten wäre es kaum vorstellbar gewesen, daß sich die katholische Kirche offiziell bei einem solchen Jubiläum der evangelischen Christenheit beteiligen könnte. Die Aufgeschlossenheit und die Bereitwilligkeit zu lernen, mit der man heute weithin in der katholischen Kirche Luther und die Reformation sieht, zeigt, welch gewaltiger Wandel hier eingetreten ist. Gewiß sieht man auch heute die Unterschiede und das Trennende. Es hätte auch keinen Zweck, etwa Luthers Kritik am Papsttum oder an der Messe verschweigen zu wollen. Und doch ist man sich dessen bewußt, daß Luther, auch wenn er in seiner Kritik an der katholischen Kirche zuweilen maßlos war, aus einer Tiefe des Glaubens und der Glaubenserkenntnis heraus gewirkt hat, die heute nur für Christen aller Konfessionen von Vorbild sein kann.

Insofern kann man sagen, daß die Quellen des christlichen Glaubens heute für die Christen der römisch-katholischen Kirche und der evangelischen Kirchen weithin die gleichen sind, obwohl im einzelnen die Akzente unterschiedlich gesetzt werden. Das entscheidend Neue gegenüber früheren Zeiten ist dabei, daß man sich der Gemeinsamkeit dieser Quellen bewußt ist und diese Gemeinsamkeit auch hervorhebt und pflegt, ohne deswegen die noch immer bestehenden Unterschiede in vielen Einzelheiten und manchen Fundamentalfragen zu leugnen. Wohin diese neue Situation der zwischenkirchlichen Beziehungen führen wird, ist heute noch nicht absehbar. Gewarnt werden muß vor der Meinung, diese Offenheit gegenüber der anderen Kirche und ihrer Tradition sei gleichsam selbstverständlich. Gewarnt werden muß ebenfalls vor der Illusion, als hätten die noch bestehenden Differenzen keine Bedeutung mehr. Vielmehr muß in beiden Kirchen das Bewußtsein sowohl für die Gemeinsamkeit als auch für die Unterschiede sorgfältig gepflegt werden. Nur dann kann es gelingen, den Prozeß der Annäherung auch in Zukunft verantwortlich weiter zu gestalten.

Trennung bis ins Privatleben?

Ehe und Familie im Verständnis der Kirchen

Von Hans-Joachim Thilo

1. Die Fragestellung

In der evangelischen wie in der katholischen Kirche werden das gleiche Glaubensbekenntnis und das gleiche Vaterunser gebetet, und es besteht die gleiche Grundüberzeugung, daß Ehe grundsätzlich auf Lebensdauer und in der Verbindung mit nur *einem* Partner geschlossen wird. Weil aber Ehen eben nicht im Himmel geschlossen werden, weil wir – wie die Bibel sagt – ein „ehebrecherisches Geschlecht" sind, weil wir keine Engel ohne Triebleben und ohne Unbewußtes seit den ersten Minuten unserer Geburt sind, sondern Menschen mit Fleisch und Blut, kann eine solche Feststellung uns nicht vor Entscheidungen bewahren, die wir in unserer Verantwortung als Christen zu fällen haben.

Zunächst gilt es, viele Vorurteile abzubauen, Scheinargumente als Schutzbehauptungen zu erkennen und Verallgemeinerungen zu verhüten. Die Praxis zeigt denn auch, daß die konfessionelle Andersartigkeit der Ehepartner eigentlich nie der eigentliche Scheidungsgrund ist, sondern sich nahezu in allen Fällen als Sekundärgrund erweist. Die aus der Verschiedenheit der Konfessionsausübung sich ergebenden Konfliktursachen werden aber als zusätzlicher Belastungsgrund gern dann ausgespielt, wenn es gilt, ein auch gesellschaftlich anerkanntes Argument für die scheinbar unerläßliche Scheidung zu finden. Es ist jedoch zweifellos so, daß ein evangelischer Mann aus Hamburg mit einer katholischen Partnerin aus Bremen mehr Gemeinsames hat als ein katholisches Mädchen aus Flensburg mit einem katholischen Sizilianer. Dabei bleibt unbestritten, daß die gemeinsame Glaubensüberzeugung und vor allem die aktive Praktizierung des Glaubens Rassen- und Kulturgrenzen zu überwinden vermag. Aber eben: Die aktive Praktizierung! Daher besteht in der sogenannten Mischehenfrage fast keine Problematik, wenn es sich bei beiden Partnern um bewußte Glieder ihrer jeweiligen Konfession handelt. Das Konfessionsproblem spielt eine immer geringere Rolle im Bereich der Partnerfindung. Die Frage nach der christlichen Glaubensbindung des Partners hingegen ist durchaus aktuell und scheint an Bedeutung noch zuzunehmen, nicht aber die Frage nach der Konfession des Partners! Ob die Gegenwart Christi am Altar nur im Glauben existent wird, wie es gute evangelische Dogmatik lehrt, oder ausschließlich durch den geweihten Priester möglich ist, spielt nur für wenige Teilnehmer am heiligen Mahl eine Rolle, zumal die Gegenwart Christi im Altarsakrament heute von beiden Kirchen als unaufgebbar angesehen wird. Ob der Papst in Rom oder die Synode einer evangelischen Landeskirche Stellung zu politischen oder sexual-ethischen Fragen nehmen, wird vielleicht mit Interesse registriert, vermag aber kaum mehr die persönlichen Entscheidungen zu beeinflussen. Das gilt für Katholiken und Protestanten. Daher verlagern sich die Gegensätze mehr und mehr auf Äußerlichkeiten, die im Grunde belanglos sind. Lediglich die Auswirkungen konziliarer oder synodaler Entscheidungen können das Klima in einer sogenannten Mischehe beeinflussen, nicht mehr die Hintergründe. Warum darf ich als katholischer Christ mich nicht ein zweites Mal kirchlich trauen lassen? Warum muß die Teilnahme meines evangelischen Partners an der Kommunion entweder in einer katholischen Gemeinde erfolgen, wo wir nicht bekannt sind, oder mit stillschweigender Duldung meines Ortspfarrers? Warum wird noch immer zumindest heimlich erwartet, daß die Kinder aus einer Mischehe katholisch getauft und erzogen werden sollen, auch wenn die schriftliche Verpflichtung hierfür weggefallen ist? Warum bekomme ich als evangelischer Pfarrer keine feste Anstellung, wenn meine Frau katholisch ist? Das sind Fragen, die in der Tat die geistliche Existenz betreffen und weder eine Dramatisierung noch eine Verharmlosung zulassen.

2. Was ist Ehe, wo beginnt sie und wann endet sie?

Ehe ist nicht, Ehe wird! Sie wird es jedesmal neu am Tisch, d. h. in der mitmenschlichen Kommunikation, und im Bett, d. h. im erotisch-sexuellen Miteinander. Diese Feststellung gilt sowohl im individuellen Bereich als auch im Hinblick auf die kultur-soziologische Entwicklung der Ehe. Dennoch aber haben sich über die Zeitläufe hinweg nachweisbar zwei Grundvoraussetzungen über das Wesen der Ehe erhalten:

a) Ehe ist und war zu allen Zeiten als Gemeinschaft auf Lebensdauer geplant.

b) Ehe war und ist zu allen Zeiten nicht nur ein Privatvertrag der Ehepartner gewesen, sondern hat stets die jeweiligen Familien, Sippen und Kultgemeinschaften mit eingeschlossen. Daher ist kultur-historisch kein Akt der Eheschließung bekannt, der nicht liturgisch-kultisch geformt und vor der Öffentlichkeit vollzogen worden wäre.

Dies sind Fakten, deren Tragweite uns auch heute beschäftigen muß. Die wichtigste Folgerung ist daher die Feststellung, daß es sich bei allem, was mit Ehe und Sexualverhalten zu tun hat, nicht um statische Normen handeln kann, sondern einer dynamischen Normativität unterworfen ist. Das gilt für beide Großkirchen. In der 24. Session des Tridentiner Konzils versuchten die Vertreter des Augustinerordens und die Anhänger des Thomas von Aquin die Ansicht durchzusetzen, daß die Einwilligung der beiden Ehepartner und der vollzogene Geschlechtsverkehr ausreichend seien, um eine Ehe zu ratifizieren. Weder der Segen der Eltern noch eine kirchliche Zeremonie seien dafür nötig. Die als Kompromiß gedachte Formulierung hieß dann so: „So jemand sagt, daß geheime Ehen, die in freier Übereinstimmung des Paares geschlossen sind, keine echten und gültigen Ehen seien, oder daß es in der Macht eines Elternteiles oder der Eltern stünde, sie gültig oder ungültig zu machen, der sei verflucht." Jedoch wurde dieser Entschluß nie zur Abstimmung gestellt, besonders mit Rücksicht auf die Anwesenheit des französischen Königs, der ein Gegner der

„geheimen“ Ehen war. Nur eine Erklärung wurde angenommen, der zufolge geheime Ehen „vera et recta“ (echt und gültig) seien. Dennoch wurde auf dem gleichen Konzil wenige Tage danach die „geheime Ehe“ endgültig verboten. Seitdem war die Ehe nur gültig, wenn sie in Gegenwart von mindestens drei Zeugen, darunter einem Priester, geschlossen wurde (W. G. Cole, S. 80). Diese Hintergründe muß man wissen, wenn man Luthers Wort von der Ehe als „weltlich Ding“ im rechten Zusammenhang sehen will. Er fühlte sich ganz in der Denkweise dieses Konzils und nach wie vor als getreuer Schüler des Thomas von Aquin. So verlegt er den Akt der Trauung vor die Kirchentür, läßt den Pastor die Eheleute fragen, ob Hans die Grete und Grete den Hans zum Ehegemahl haben wolle, um dann mit dem nun vermählten Brautpaar in die Kirche einzuziehen. Die eigentliche Handlung besteht dann ausschließlich in der Verkündigung des Wortes Gottes, des Gebetes für das junge Paar und der Segenshandlung. Nun haben sich aber beide Kirchen von diesen Ausgangspositionen fortbewegt. Das beweist die oben getroffene Feststellung, daß Ehe und Partnerschaft dynamische und nicht statische Normen sind. Normen deswegen, weil Normenlosigkeit zum Chaos, zu Unsicherheiten und Ängsten führt, die sich im psychischen Bereich als Neurosen auswirken können, während statische Normen zu zwangsneurotischen Verhaltensweisen im Individualbereich und im gesellschaftlichen Zusammenleben führen und damit psychisch und nicht selten auch körperlich krank machen. Der schmale Weg einer dynamischen Normativität mit allen seinen Gefahren und möglichen Fehlinterpretationen muß also gegangen werden. Aber wie?

Ein Blick auf die verschiedenen Stellungnahmen der Kirchen zu Ehe und Familie zeigt, daß sich die Kirchen einer solchen dynamischen Normativität nicht entziehen können und wollen. Es liegt ihnen daran, das zu erhalten, was in den jeweiligen Konfessionen als zu den „Essentials“ gehörig gilt, und zugleich diese den Erkenntnissen in den theologischen, medizinischen und psychologischen Bereichen anzugleichen. Dabei muß mit Rücksicht auf den Charakter einer Weltkirche in den römisch-katholischen Äußerungen häufiger zwischen den Zeilen gelesen werden als in den evangelischen Verlautbarungen. Interessant und aufschlußreich ist auch die Feststellung, daß der ganze Themenbereich erst in dem Augenblick für die Kirchen wieder relevant wurde, als Erkenntnisse der Soziologie und der Naturwissenschaft weiten Kreisen der Bevölkerung bewußt wurden. Dieser Prozeß beginnt am Ausgang des vorigen Jahrhunderts.

Im evangelischen Bereich wurde das Problem der Geburtenregelung durch die unvorstellbaren Folgen sozialer Mißstände ausgelöst, die der rücksichtslose Wirtschaftskampf, verbunden mit einem grassierenden Alkoholismus, mit sich brachte. Der Pfarrer Robert Malthus (1766–1834) vertrat die Ansicht, daß sich Überbevölkerung und Massenelend nur durch die Beschränkung der Geburtenzahl verhüten lasse. Ein Gedankengang, der bis gestern nahezu ausschließliches Argument für jede Form der Geburtenregelung war. Die Möglichkeit, daß Erotik und körperliche Liebe ein Eigenrecht haben könnten, war völlig unbekannt. Das galt für die evangelische Kirche lange Zeit ebenso wie für die katholische Kirche. In der ungarischen Bibelübersetzung von 1860 wird die Frau noch als „Assonzyalat" (Frauentier) bezeichnet. Der evangelische Theologe Adolf Schlatter kann als führender Vertreter evangelischer Ethik 1924 noch formulieren: „Wegen dieser Gefahren (gemeint ist die Reizung durch erotische Gefühle) wird die Christenheit es jedem danken, der nie ein Theater betrat und nie ein Weib zum Tanz in seinen Arm nahm." Da aber die Möglichkeit gegeben sein muß, daß die Schöpfung weitergeht, bedarf es der Anerkennung der Sexualität, jedoch nur als Antriebskraft zur Zeugung. Bis zum 30. 12. 1930, dem Erscheinungstag der päpstlichen Enzyklika „Casti connubii", wird noch Bezug auf einen Satz des Kirchenvaters Augustin genommen, in dem es heißt: „Unerlaubt und unsittlich ist der eheliche Verkehr selbst mit der rechtmäßigen Gattin, wenn dabei die Weckung neuen Lebens verhütet wird"

(Nr. 50). Das ist aber auch – meist unausgesprochen – die Meinung der evangelischen Kirchen bis zum Ende des Zweiten Weltkrieges gewesen, wobei der Druck der damals Herrschenden auf „Kindersegen“ zwecks Erhöhung der „arischen Rasse“ ein gewichtiges Wort mitgesprochen haben dürfte. In einer Erklärung des „Evangelischen Arbeitskreises für Sexualethik“ aus dem Jahre 1932 heißt es: „Mit allem Nachdruck hat die Kirche die Heiligkeit der Mutterschaft, die Freude an Kindern und auch den Segen einer großen Familie für Eltern und Kinder herauszustellen. Wirtschaftliche und geistige Hemmungen, die geeignet sind, den Willen zum Kind zu lähmen, sollten mit allen Mitteln des Staates (!!), der Gesellschaft und der Kirche bekämpft und beseitigt werden.“ Und dies in einer Zeit von 7 Millionen Arbeitslosen in Deutschland! Allerdings heißt es ein paar Zeilen weiter auch: „Einer verantwortungslosen Vermehrung des Volkes kann und darf nicht das Wort geredet werden.“ Jedoch dürfte damit die damalige Rassenideologie gemeint sein. Aber als „Weg zur Beschränkung“ wird angegeben: „Für den glaubenden und verantwortungsbewußten Menschen ist zunächst die Enthaltsamkeit vom Geschlechtsumgang geboten.“

Was brachte den Umschwung? Ob wir es begrüßen oder nicht, unser Jahrhundert ist geprägt von zwei Männern: Karl Marx und Sigmund Freud. Wir können ihren Erkenntnissen zustimmen oder sie ablehnen, leugnen können wir sie nicht, und verschweigen ist nicht erlaubt. Daher ist es verständlich, daß zwei evangelische Theologen so verschiedener Art und Lehrmeinung sich zeitlebens mit ihnen auseinandersetzten und ihr theologisches Denken an ihnen maßen: Karl Barth und Paul Tillich. War es bei Barth die intensive Frage nach der christlichen Substanz des Marxismus, so war es bei Tillich die umfassende Beschäftigung mit der Psychoanalyse Sigmund Freuds und deren Relevanz für die christliche Ethik. Vergröbert gesagt, ergab sich für Barth daraus die absolute Gleichstellung von Mann und Frau in der evangelischen Ethik und damit das Ende einer doppelten Moral, die stillschweigend dem Mann sexuelle Aktivitäten zugestand (und noch zugesteht), die der Frau moralisch untersagt waren. Für Tillich ergibt sich ebenso zwingend aus der Beschäftigung mit der Psychoanalyse, der er sich selbst unterzog, das Eigenrecht der Erotik und der Sexualität für Mann und Frau, ohne die Zweckbestimmtheit der Zeugung. Langsam, aber stetig schaffen sich solche Erkenntnisse im evangelischen Raum Platz und Anerkennung. Eine erste offizielle Stellungnahme haben die lutherischen Bischöfe Schwedens 1951 vorgelegt. Dort heißt es: „Jede Ehe, in der die Gatten keine Kinder wünschen, ist falsch ausgerichtet. Aber das Kind ist nicht der einzige Zweck ... Geschlechtsverkehr zwischen Ehegatten kann vollwertiger Ausdruck für Gemeinsamkeit sein, obwohl es aufgrund verschiedener Umstände notwendig sein kann, eine Schwangerschaft zu verhüten. Macht man Ernst mit dieser Auffassung, so muß man zugeben, daß unter gewissen Bedingungen empfängnisverhütende Mittel zur Anwendung kommen dürfen." Man riecht förmlich bei diesen Formulierungen, wieviel Überwindung es die lutherischen Bischöfe gekostet haben mag, sich zu einem solchen Votum durchzuringen. 1957 votieren die Synoden der reformierten Kirchen Frankreichs in der gleichen Weise. In der anglikanischen Kirche formulieren die Bischöfe 1958 auf der Lambeth-Konferenz, der Zentralkonferenz des Angelikanischen Episkopats: „In der christlichen Theologie wurde im allgemeinen die Fortpflanzungsfunktion zuerst erwähnt, als wolle man sagen, sie sei das beherrschende Ziel ... Aber es ist offensichtlich nicht wahr, daß alle anderen Pflichten und Beziehungen in der Ehe dieser einen unterzuordnen sind. Weder die Bibel noch die menschliche Erfahrung unterstützen eine solche Ansicht ..." Die erste offizielle ökumenische Äußerung stellt der Mansfield-Report 1959 dar. „Sexuelle Vereinigung in der Ehe ist ein von Gott gegebenes Gut, auch wenn weder die Möglichkeit noch die unmittelbare Absicht, Kinder zu zeugen, besteht." Das war die Grundlage der nachfolgenden Erklärungen zu diesem Thema auf den Weltkonferenzen des Weltrates der Kirchen im Jahre 1961 in Neu-Delhi und 1968 in Uppsala. Die

Evangelische Kirche in Deutschland hat sich in ihrer für diese Fragen zuständigen Kommission beim Rat der EKD 1960 voll mit dem Mansfield-Report identifiziert. Seitdem ist eigentlich in der für ihre Lehrvielfalt berühmten und berüchtigten evangelischen Kirche an keinem anderen Punkt soviel Übereinstimmung zwischen den so divergierenden Gruppen des Protestantismus festzustellen wie in dieser Frage, auch wenn z. Z. bestimmte Gruppen evangelikaler und pietistischer Prägung hinter diese Erkenntnisse und Entschließungen zurück möchten.

Wie sieht es nun in der römisch-katholischen Kirche in dieser Fragestellung aus? Theologisch geht es um eine Weiterentwicklung eines philosophischen Denksystems, das aus der Philosophie Platos in das theologische und philosophische Denken des Thomas von Aquin eingedrungen ist. Es handelt sich um die recht schwierige Begrifflichkeit der „Analogia entis“. Die Übersetzung dieses Begriffes müßte etwa heißen: Ähnlichkeit des Seienden. Bezogen auf unser Thema von Zeugung und Geburt, würde es bedeuten, daß Gott sich zu seinem Sein (seiner Existenz) so verhält wie die Kreatur zu ihrem Sein. Mit anderen Worten: Zeugung ohne Existenz ist widergöttlich. Gott und Schöpfung sind daher untrennbar. Daher ist auch menschliche Zeugung ohne kreatürliche Existenz nicht möglich. Geschlechtsverkehr *muß* also zur neuen Kreatur in der Schöpfung führen. Von hier aus hat sich römisch-katholisches Naturrechtsdenken entwickelt. Einfacher formuliert heißt das: Nichts gegen die Natur!

In den Verlautbarungen der päpstlichen Enzyklika „Humanae Vitae“ ist dieser Ansatz deutlich erkennbar. Die großen Enzykliken der Päpste sind nur auf diesem Hintergrund zu verstehen. Enzykliken, die sich mit Ehe und Familienplanung befaßt haben, sind „Casti connubii“, 1930; Humanae vitae“, 1968, und das Apostolische Sendschreiben „Familiaris consortio“, 1981. Alle diese Enzykliken zeigen aber auch eine allmähliche Annäherung an evangelisches Denken, die das ausschließliche Denken in den Begriffen der Naturrechtslehre verblassen lassen. Karl

Barth hat seine Bedenken gegen dieses Naturrechtsdenken innerhalb des Protestantismus besonders scharf formuliert. Er weist darauf hin, daß Christus auch Herr über die Natur ist und darum auch das Liebesgebot Christi und seine Delegation an das menschliche Verantwortungsgefühl das Naturrechtsdenken weit übersteigt. Etwas salopp hat er formuliert, daß alle diejenigen, die da meinten, der Natur nicht in den Arm fallen zu dürfen, auf ihren Kirchen auch keine Blitzableiter anbringen dürften.

Nun müssen aber Protestanten wissen, daß Enzykliken des Papstes mit der Unfehlbarkeit des Papstes nichts zu tun haben. Sie sind zwar für alle katholischen Christen verbindlich, aber durchaus überholbar. Von eben dieser Einschränkung wird nun unter den katholischen Gläubigen heute immer häufiger Gebrauch gemacht. Machen wir uns dies an offiziellen Verlautbarungen des katholischen Episkopates zur Frage der Ehe und Geburtenregelung in groben Umrissen deutlich.

In „Casti connubii“ (1930) konnte Papst Pius XI. noch formulieren: „Der Hauptzweck der Ehe ist die Zeugung und Erziehung der Kinder“ (Nr. 16). Von der Familienplanung wird gesagt: „Es sind keine Verhältnisse denkbar, unter denen die Gatten nicht mit Hilfe der göttlichen Gnade ihrer Pflicht treu bleiben und die eheliche Keuschheit von jenem entehrenden Makel (gemeint sind Verhütungsmittel) rein bewahren können“ (Nr. 51). In einer Meinungsumfrage unter deutschen Katholiken im Juli 1968 erklären jedoch 70% der befragten Männer und 69% der befragten katholischen Frauen über 21, daß sie die Zustimmung zu medikamentösen Mitteln zur Geburtenregelung von ihrer Kirche erbäten. Schon 1964 hatte Paul VI. eine Studienkommission bestätigt und erweitert, die sein Vorgänger Papst Johannes XXIII. eingesetzt hatte, die die Fragen nach Bevölkerungswachstum, Familie und Geburtenkontrolle untersuchen sollte. Das vorläufige Votum dieser Kommission lautete „Empfängnisverhütung ist für viele Paare notwendig und mit der Soziallehre der römischen Kirche vereinbar.“ Dieses Votum wollte Kardinal Ottaviani dem Papst nicht vortragen, sondern bat den damaligen Kardinal Döpfner, ihm diese Aufgabe abzunehmen. Er selbst aber trug das Votum der Minderheit vor, die gegen eine solche Auffassung sich aussprach. Dieses und ähnliche Voten, die aus vielen Teilen der Welt in Rom bekannt wurden, haben den Vatikan wohl veranlaßt, es zunächst bei den Formulierungen von „Gaudium et spes“ (Freude und Hoffnung) zu belassen, die einen Kompromiß der Art andeuten, daß die Fragen nach Art und Umfang der Familienplanung den einzelnen Gläubigen überlassen blieben. Am 25. 7. 1968 erschien aber dann „Humanae vitae“, in der der Papst sich der Meinung der Mehrheit aus den oben genannten Voruntersuchungen *nicht* anschließt. 80% der päpstlichen Berater, darunter alle konsultierten Ärzte, hatten sich für eine Geburtenregelung auch mit medizinisch-technischen Mitteln ausgesprochen. Nur die Regelung durch Verzicht auf ehelichen Verkehr oder die Anwendung der sogenannten unfruchtbaren Tage wird von Papst Paul als erlaubte Geburtenregelung für einen Katholiken angesehen. Das geschieht in auffallend schroffer Form: „Da viele sich bei dem Versuch einer Rechtfertigung der künstlichen Methode der Geburtenkontrolle auf die Forderungen der ehelichen Liebe und einer ‚verantwortlichen Elternschaft‘ (das ist der Fachausdruck evangelischer Eheethiker) berufen haben, ist es tunlich, die richtige Auffassung von diesen beiden bedeutsamen Wirklichkeiten ehelichen Lebens klar zu umreißen“ (Nr. 7). Denn: „Bei der Aufgabe, das Leben weiterzugeben, haben die Eheleute daher nicht die Freiheit, nach eigenem Gutdünken vorzugehen, als ob sie in ganz eigenständiger Weise die zu beschreitenden sittlich erlaubten Wege festlegen könnten“ (Nr. 10).

Ein Sturm der Entrüstung ging besonders durch den deutschen Katholizismus, so daß der deutsche Episkopat sich gezwungen sah, ein „Wort der deutschen Bischöfe zur seelsorgerlichen Lage nach dem Erscheinen der Enzyklika ‚Humanae vitae‘“ herauszugeben. Es ist unter dem 15. 9. 1968 als „Königsteiner Erklärung“ in der katholischen Presse abgedruckt und von den Kanzeln verlesen worden. Dort heißt es nun: „Viele Priester und Laien nehmen die Enzyklika ohne Einschränkung an ... Anderseits hat keine Enzyklika soviel Widerspruch gefunden wie diese. Die Diskussion um die strittigen Fragen ist nicht beendet, sondern aufs stärkste entfacht. Bei vielen Priestern und Laien, die zur Kirche stehen wollen, herrscht große Ratlosigkeit. Sie leiden nicht nur unter den Schwierigkeiten, diese Lehre zu leben oder in die seelsorgerliche Praxis umzusetzen; sie haben vielfach auch ernste Gewissensbedenken, die in der Enzyklika ausgesprochenen Verpflichtungen zu bejahen und zu vertreten" (Nr. 5, Abs. 2). So deutlich ist seit den Tagen der Infallibilitätserklärung für das Handeln des Papstes ex cathedra noch von keinem deutschen Bischofsgremium geredet worden! Die Bischöfe wissen genau, warum sie so sprechen müssen: Keineswegs aus mangelnder Loyalität gegenüber Rom, keineswegs um päpstliche Enzykliken zu bagatellisieren, sondern aus einer echten Sorge heraus, wie sie erwachsene Kinder gelegentlich den Entscheidungen des Vaters gegenüber haben. Sie empfinden diese Enzyklika als ein Hemmnis für die Gemeindearbeit, als einen Schritt zurück vom Zweiten Vatikanischen Konzil. „Wir würden es bedauern, wenn wegen der Schwierigkeiten, von denen wir sprachen, die im Sinne des Zweiten Vatikanischen Konzils vielerorts wachsende Bereitschaft zur kirchlichen Mitverantwortung und die Bildung eines selbständigen Gewissens Schaden litten" (Nr. 16). Tief ernst und in seelsorgerlicher Verantwortung der Kirche gegenüber heißt es dann am Schluß: „Der Geist unseres Herrn Jesus Christus bewahre uns in diesen Tagen vor aller Bitterkeit und Voreingenommenheit, aber auch vor aller Angst und Resignation" (Nr. 18). Nun meine niemand, der Fragenkomplex nach Ehe, Familie und Geburtenregelung in der evangelischen Kirche sei problemlos über die Bühne gegangen.

Gewiß hat es nach außen hin jene dramatische Zuspitzungen nicht gegeben. Nicht deshalb, weil die „Sache an sich" klar gewesen wäre, sondern weil der evangelische Christ Bischofs- und Synodalverlautbarungen stets nur als

Anregungen empfindet, die er – falls er sie überhaupt liest – zustimmend oder ablehnend beiseite legt, um ausschließlich seinem eigenen – hoffentlich – am Wort Gottes geschärften Gewissen die Entscheidung zu überlassen. Evangelische Ethik ist immer primär Individualethik gewesen, eine evangelische Soziallehre ist über Ansätze nie hinausgekommen. Es gibt keinen evangelischen Kolping, keinen Pater Nell-Breuning, keine Belastung durch die Modernismusdebatte und den Antimodernisteneid aus dem Jahre 1910. Im Wesen der protestantischen Gemeindefrömmigkeit war aber Familienplanung ebenfalls nur durch Enthaltsamkeit vorstellbar. Das kinderreiche evangelische Pfarrhaus, die Überzeugung, daß Gott „für jedes Häslein auch ein Gräslein" wachsen lasse, war besonders in den vom Pietismus geprägten Landesteilen Vorbild und Grundlage sexualethischen Handelns aus christlicher Sicht. Wie es dem Wesen des Protestantismus entspricht, waren es daher die Überlegungen evangelischer Theologen, die zu der heute nahezu selbstverständlichen Überzeugung vom „Eigenrecht der Erotik" in Ehe und Geschlechterbeziehung geführt hat. Männer wie Emil Brunner, Wolfgang Trillhaas, Joachim Scharfenberg u.a. haben durch ihre Bücher und ihre Arbeit als Universitätslehrer die heutige Auffassung evangelischer Sexualethik geprägt. Festzuhalten und klar herauszustellen ist der so häufig übersehene Tatbestand, daß die innere Einheit zwischen den beiden Kirchen unter Schmerz, Mißverständnissen und viel Leid der Betroffenen demnach auch hier wächst.

3. Ehe und Gemeinschaft am Altar

Die Fragen, die christliche Eheleute verschiedener Konfessionen bewegen, sind nicht auf Tisch und Bett begrenzt. Die Gemeinschaft am Altar gewinnt deshalb zunehmend an Bedeutung, weil im heutigen Protestantismus eine Belebung der sakramentalen Frömmigkeit stattgefunden hat. Galt über Jahrhunderte in der evangelischen Kirche der

Grundsatz, daß eben der „Glaube aus der Predigt" komme und diese an sich schon zweifelhafte Übersetzung Luthers die Kommunion auf zwei bis drei Male im Jahr beschränkte, so ist doch nicht zuletzt durch das Wissen um die Ganzheit alles menschlichen Erlebens, in die Leib, Seele und Geist zu gleichen Teilen einbezogen sind, geradezu ein Hunger nach Sakramentalität im evangelischen Raum zu konstatieren. Liturgische Feiern, oft auch solche zweifelhafter Art, gottesdienstliche Erneuerung bis hinein in die Verwendung der farbigen Meßgewänder und üppige liturgische Gestaltung sind besonders im norddeutschen Raum festzustellen. In vielen lutherischen Kirchen wird jeden Sonntag eine in den Gottesdienst integrierte Abendmahlsfeier angeboten, zumindest ist in einer Großstadt für den evangelischen Christen jeden Sonntag die Möglichkeit gegeben, in einer evangelischen Kirche zur Kommunion zu gehen. Nun sollte man meinen, daß diese Entwicklung einem ökumenischen Sakramentsverständnis entgegenkäme. Leider ist dem nicht so. In einem nur wenigen Gläubigen verständlichen Amtsverständnis des sakramentalen Vollzugs werden zwischen den Konfessionen Gräben sichtbar. Erst da kommen wir an die eigentlichen Gegensätze zwischen den beiden Konfessionen heran. Es geht um das Amtsverständnis im kirchenrechtlichen Sinne. Zum Vollzug der Sakramente ist nach katholischer Lehre nur der geweihte Priester berechtigt und fähig. Er allein steht in der „successio apostolica", d.h. in der langen Reihe derer, die seit Petrus durch Handauflegung die Vollmacht zum priesterlichen Tun empfangen haben. Daran ändert auch die Tatsache nichts, daß kein katholischer Kirchengeschichtler leugnen wird, daß eine solche ungebrochene Kontinuität von Petrus bis heute nicht besteht. Die evangelische Kirche kennt eine „successio verbi", d.h. eine Weitergabe der Wortverkündigung unter Gebet und Handauflegung, die aber darum kirchenrechtlich für die katholische Kirche nicht verbindlich ist, weil seit der Reformation evangelische Pfarrer als Träger der Wortverkündigung nicht mehr von geweihten Priestern in ihr Amt eingeführt und geweiht worden sind. Can. 844 § 1 sagt das ganz deutlich: „Katholische Spender spenden die Sakramente erlaubt nur katholischen Gläubigen; ebenso empfangen diese die Sakramente nur von katholischen Spendern." Was also als Gemeinschaft an Tisch und Bett unter Gottes Wort „ein Fleisch" geworden ist, muß sich am Altar wieder trennen! Warum ist das so? Nur der geweihte Priester besitzt nach katholischer Lehre die priesterliche Vollmacht, Brot und Wein im geistlichen Sinne – nicht materiell – in den Leib und das Blut Christi zu wandeln. Er allein kann und darf das Opfer Christi unblutig am Altar erneuern. Dabei hat die Interpretation dieses Vorgangs seit dem Zweiten Vatikanischen Konzil eine Reihe von Mehrdeutungen zugelassen, die hier nicht erschöpfend behandelt werden können. Eines bleibt: Auf dem Altar befinden sich der Leib und das Blut Christi. Daher werden nicht benötigte Hostien feierlich im Tabernakel verschlossen, der Kelch sorgfältig geleert, um in ehrfurchtsvoller Weise diesem Tatbestand Rechnung zu tragen. Auch im evangelischen Abendmahl lautet die Spendenformel zwar vielförmig, aber stets doch so, daß in ihr enthalten ist: Der Leib Christi – für dich gegeben; das Blut Christi – für dich vergossen. Für den evangelischen Christen ist beim Empfang der sakramentalen Speise Leib und Blut Christi *im Glauben* – nicht aber in der gewandelten geistlichen Substanz – gegenwärtig. Es geht hier in der Tat um letzte Geheimnisse. Niemand sollte daher leichtfertig mit Begriffen wie Anmaßung, Zauberei, Götzendienst u. ä. argumentieren. Gerade der ehrfurchtslose Umgang mit den Elementen des heiligen Mahles, wie er leider bei evangelischen Pfarrern teilweise üblich ist, läßt so viele emotionale Sperren beim katholischen Pfarrer entstehen. Da werden nicht gebrauchte Brotreste nach der Feier weggeschüttet, wird nicht gebrauchter Abendmahlswein in den Ausguß gegossen und vieles mehr. Immerhin sind auch für sehr bewußtes evangelisches Denken Brot und Wein Dinge, die in den Dienst Christi gestellt worden sind. Aber auch hier haben sich Lösungsmöglichkeiten angebahnt, die jedoch einer gewissen Peinlichkeit nicht entbehren. Kein katholischer Priester kann zwar einen Abendmahlsgast zurückweisen, es sei denn, dieser befinde sich in Volltrunkenheit. Daher haben konfessionsverschiedene Paare immer die Möglichkeit genutzt, an fremden Altären zu kommunizieren. Auch nach Can. 844 § 2–5 gibt es die Möglichkeit, daß ein Nicht-Katholik das Sakrament entweder in Todesgefahr oder in einer „anderen schweren Notlage körperlicher oder seelischer Art" aus der Hand eines katholischen Priesters empfangen kann. Nur – dann ist eben jede konfessionsverschiedene Ehe eine „seelische Notlage" ...

Oft hat man die katholische Kirche als „petrinisch" und die evangelische als „paulinisch" bezeichnet. Das ist zwar eine Verallgemeinerung, trägt aber zur Verdeutlichung des Hintergrundes der konfessionellen Spannung einiges bei. Petrus hat seinen biblisch belegten Streit (Gal 2) mit Paulus ja wegen der Tischgemeinschaft der jungen Christengemeinde geführt. Während Paulus den Heiden den Umweg über das Judentum ersparen wollte, bestand Petrus nach anfänglicher Unsicherheit darauf, daß nur jene zum christlichen Glauben bekehrten Heiden an der Mahlgemeinschaft teilnehmen dürften, die sich dem jüdischen Ritual der Beschneidung und den mosaischen Speisevorschriften unterzogen hatten. Paulus kann ein solches statisches Verständnis der Gliedschaft am Leibe Christi, der Kirche, nicht teilen. Solche Kennzeichen sind für die Gliedschaft am Leibe Christi für Paulus unwichtig. Anstelle des Gesetzes tritt bei ihm die Gnade Gottes. Im Grunde ist es die Frage nach dem Verhältnis „Gesetz" sprich: Kirchenrecht – und jener so oft mißverstandenen protestantischen Freiheit, die im letzten hinter den auch noch heute zu führenden theologischen Gesprächen zwischen beiden Kirchen steht.

4. Ehescheidung und Wiederverheiratung

Auch hier hat der evangelische Betrachter den Eindruck, daß der Einfluß des römischen Rechtsdenkens die theologischen Argumente überschattet. Schnell spricht der evangelische Partner von Lieblosigkeit, wo der Katholik von unwiederholbarem Ehegelübde unter Berufung auf ein neutestamentliches Scheidungsverbot argumentiert, das zur damaligen Zeit nicht etwa eine Erschwerung der Scheidung, sondern dem Schutz der außerhalb einer Ehe rechtlosen Frau in Israel galt. Das Vorurteil ist dann wieder zur Stelle: „Die Protestanten nehmen es mit der Ehe eben nicht so ernst."

Nach evangelischem Eheverständnis steht die Ehe unter dem Gesetz von Gnade und Vergebung. Der am Kreuz Gescheiterte ist und bleibt der Sohn Gottes. Im Scheitern sagt Gott ja zu ihm und läßt den Auftrag Christi erst eigentlich beginnen. Dieses Vermächtnis gibt der am Kreuz Verurteilte dem weiter, der zu seiner Schuld steht. Christliches Leben kann danach – etwas salopp – auf die Formel gebracht werden: Scheitern ist inbegriffen. Im Traugespräch wird der um eine evangelische Trauung gebetene Pfarrer bei einer Zweitehe sich über die inneren Beweggründe, soweit menschenmöglich, Gewißheit zu verschaffen suchen. Ehescheidung ohne jede Schuld gibt es nicht, aber die Gewichte der Schuld können sehr ungleich verteilt sein. Nur – unter dem Spruch der Vergebung steht jede Wiederholung einer evangelischen Trauung. Es muß aber festgestellt werden, daß Ehen, die nur um der gesellschaftlichen Konvention aufrechterhalten werden, ebenso Sünde sind, die der Vergebung bedarf, wie geschiedene Ehen. Zusammenbleiben ohne jede innere Bindung mit nahezu täglichem geistigem, seelischem oder körperlichem Ehebruch ist Sünde vor Gott und Schuld vor dem Partner.

Besonders befremdlich wird dem evangelischen Verständnis von Schuld und Vergebung immer sein, daß der geschiedene katholische Christ, der kirchlich getraut ist, von der Teilnahme am Sakrament unter Umständen auch dann ausgeschlossen bleiben kann, wenn er sich nicht wieder verheiratet. Die Tatsache, daß auch für Ehepaare, die katholisch getraut sind, gleich ob beide Partner katholisch sind oder ob es sich um eine konfessionsverschiedene Ehe handelt, auch nach katholischem Kirchenrecht in der Weise geschieden werden können, daß Rom aus vielerlei Gründen den eigentlichen Nichtvollzug der Ehe feststellen kann, macht das Problem nicht leichter. Der langwierige, oft auch diskriminierende Weg wird heute im deutschen Katholizismus nahezu überall negativ beurteilt. Wenn Rom bis zur Stunde dennoch bei seinen harten Entscheidungen bleibt, sollte von evangelischer Seite gerade hier nicht vergessen werden, daß jede vatikanische Entscheidung eine Entscheidung für die Weltkirche ist. Römisch-katholisches Eherecht hat immerhin für einige Jahrhunderte vor allem den Frauen Schutz geboten und diese vor dem Versinken in ein soziales Chaos und männliche Diskriminierung bewahrt. Da aber Ehe und Eherecht in besonderem Maße den soziokulturellen Veränderungen ausgesetzt sind, werden hier übereilte Entscheidungen aus dem Zeitgeist heraus ebenso zu vermeiden sein wie restauratives Beharren, das pseudotheologisch begründet wird.

Gibt es eine Hoffnung, die auch heute eine konfessionsverschiedene Ehe tragen und erfüllen kann? Die gibt es überall dort, wo beide Partner in ihrer jeweiligen Kirche wissen, daß sie auf dem Wege zur einen, heiligen Kirche so etwas wie Wegbereiter sind. Konversion zur Kirche des Partners ist heute keine Lösung des Gesamtproblems! Sie mag im Einzelfall angezeigt sein, das Grundproblem der Überwindung des Skandals der Kirchentrennung wird dadurch nicht überwunden. Ebenso aber muß einer Bagatellisierung des gesamten Fragenkomplexes gewehrt werden. Mitarbeit in überkonfessionellen Arbeitskreisen, Gespräche mit ökumenisch gesinnten Pfarrern in beiden Kirchen und vor allem ein echtes, ungezwungenes und unverkrampftes geistliches Leben sind Hilfe zur Selbsthilfe.

Zeichen der Gemeinschaft

Sakrament und Wort im Verständnis der Kirchen

Von Otto Hermann Pesch

1. Ein unausrottbares Urteil

Fakten

Unausrottbar scheint die althergebrachte Formel: Die evangelische Kirche – gleichviel ob lutherisch, reformiert oder uniert – sei „die Kirche des Wortes", die römisch-katholische Kirche sei „die Kirche des Sakramentes". Die Formel ist so griffig und so einfach, daß auch theologisch nicht vorgebildete Gemeindeglieder hüben wie drüben sich an ihr orientieren, das Verhältnis ihrer eigenen Kirche zur „anderen" Kirche auf dieser Grundlage sich klarmachen. Anderseits ist die Formel keineswegs oberflächlich und etwa nur eine plakative Vergröberung. Denn auch Theologen, die zu jeder erforderlichen Differenzierung fähig sind, können den evangelisch-katholischen Konfessionsgegensatz mit dieser Formel ausdrücken. An Richtigstellungen hat es nicht gefehlt! Zum Beispiel:

1. Die Formel stimmt historisch nicht – jedenfalls, wenn damit der Grund der zerbrechenden Kircheneinheit im 16. Jahrhundert angegeben werden soll. Zwar brachten die Reformatoren, allen voran Martin Luther, die reformatorische Bewegung (eine eigene Kirche war sie ja noch lange nicht!) damit in Gang, daß sie mit großem Nachdruck, ja mit gewaltigem Pathos einschärften: Glauben heißt: sich felsenfest auf das *Wort* Gottes verlassen, das uns sagt, daß Gott uns vergibt und uns vor ihm leben, vor ihm „gerecht" sein läßt. Aber die neue Predigt der Reformatoren bedeutete ganz und gar nicht eine Absage an die Sakramente. Im Gegenteil: Sie wollte auf eine Aufwertung und neue Inkraftsetzung der Sakramente hinaus.

2. Wenn also die Kirchen der Reformation tatsächlich zur „Kirche des Wortes" wurden und damit die plakative Formel den Schein des Rechtes bekam, so ist das nicht eine echte Frucht der Reformation, nicht Geist vom Geiste der Reformatoren, sondern eine Folge der Aufklärung. Sie und ihre einseitige Vernunftbetontheit, ihr „Rationalismus" hat erst in die evangelischen Kirchen jene Abneigung gegen alles Rituelle und Zeremonielle hineingebracht, in deren Gefolge es zur Tradition jener Gottesdienste kam, die nur noch aus Lesung, Gebet, Predigt und Kirchenmusik bestanden – gelegentlich mit der Austeilung des Abendmahls als Anhang für diejenigen, die es wünschten. Da nun die katholische Kirche gegen die Reformatoren erst recht an den hergebrachten Formen ihres Gottesdienstes festhielt, ihren „Prunk" eher noch verstärkte, konnte es *äußerlich* dahin kommen, daß man den Gegensatz zwischen „evangelisch" und „katholisch" mit nichts treffender zusammenfassen konnte als mit der Formel: „Kirche des Wortes – Kirche des Sakramentes".

3. Aber auch diese Entwicklung blieb im wesentlichen auf Deutschland und die deutschsprachigen Gebiete des Auslands beschränkt. Die skandinavischen Länder zum Beispiel, später auch die lutherischen Kirchen in den USA, haben niemals den Abbau des sakramentalen Lebens so mitgemacht wie die deutschen evangelischen Kirchen im Laufe des 19. Jahrhunderts. Einem älteren lutherischen oder reformierten Christen ist darum in einem evangelischen Gottesdienst in Schweden oder in den USA nicht selten genauso „unwohl" wie in einer römisch-katholischen Messe.

4. Und schließlich ist die Unsinnigkeit der plakativen Formel inzwischen auch dadurch revidiert worden, daß in beiden Kirchen intensiv die biblischen und theologiegeschichtlichen Grundlagen einer Theologie des Wortes einerseits, einer Theologie der Sakramente anderseits erforscht und aufgearbeitet worden sind. Die großen Theologen der Alten Kirche und des Mittelalters haben immer gewußt und betont: Das Sakrament ist nichts ohne das

Wort, das die sakramentale Handlung überhaupt erst zu einem eindeutigen Zeichen der Gnade Gottes macht. Und nach einem schönen Wort des hl. Augustinus wirken diese in der Sakramentshandlung gesprochenen Worte „nicht, weil sie gehört, sondern weil sie geglaubt werden" (*Augustinus*, Tractatus in Iohannis evangelium 80,3, zu Joh 15,3: PL 35, 1840).

Unbestreitbare Fakten

Aber: so unausrottbar die Formel, so unabänderlich scheinen einige *Fakten*, die sie stützen und sie fest im Bewußtsein evangelischer und katholischer Christen verankern.

1. Fragt man einen Katholiken, selbst einen nicht gerade besonders eifrigen, wovon er in seinem „Katholischsein" wahrhaft lebe und woran man es untrüglich erkennen könne, so wird ziemlich bald, wenn nicht gar als erste Antwort kommen: die „Messe", die Eucharistiefeier, an der er in aller Regel jeden Sonntag teilnimmt oder doch einmal in der Woche im Rahmen kirchlicher Gruppen, denen er vielleicht angehört. Fragt man dasselbe einen evangelischen Christen, so wird er antworten: die Bibel und die Predigt, die uns in ihr das Wort Gottes erschließt. Das wird er auch dann noch sagen, wenn er nur selten zur Kirche geht, um die Predigt zu hören, die Bibel höchst lückenhaft kennt, im Konfirmandenunterricht auch nicht mehr gründlich in sie eingeführt wurde und die Bibelkreise der Gemeinde den alten Frauen überläßt. Wie reduziert auch immer, der Katholik scheint in seinem Katholischsein vom Sakrament bestimmt, der Protestant in seinem Evangelischsein vom (Bibel-)Wort.

2. Von dort der Unterschied im durchschnittlichen Verhältnis zum Gottesdienst. Die Bibel kann man ja auch zu Hause lesen, und Kommentare zur privaten Lektüre gibt es auch. Das Sakrament kann man nur im Gottesdienst der Gemeinde empfangen. Und so geht der an seine Kirche anhängliche evangelische Christ *durchschnittlich* – wie vor einigen Jahren eine Umfrage deutlich machte – alle vier

Wochen zum Sonntagsgottesdienst, wo sein katholischer Mitchrist jeden Sonntag geht.

3. Und auch dies hängt damit zusammen: Der „praktizierende“ Katholik läßt sich auch von der Aussicht auf die denkbar schlechteste Predigt, ja überhaupt von einem menschlichen und religiös unglaubwürdigen und unfähigen Pfarrer nicht vom Gottesdienstbesuch abhalten, denn er kommt ja wegen der Eucharistie, und die kann kein unwürdiger Priester in ihrem Wesen bedrohen oder zerstören, weil sie Stiftung Jesu Christi ist. Der evangelische Christ kommt hauptsächlich wegen der Predigt und bleibt weg, wenn ihm der Prediger nichts zu bieten hat.

4. Wenn der Katholik eine katholische Kirche betritt, schaut er zuerst auf das „Ewige Licht“, das ihm die Gegenwart konsekrierter Hostien aus der letzten Eucharistiefeier und damit nach seinem Glauben die wirkliche Gegenwart Christi in der Gestalt des Brotes anzeigt – und er wird dann für gewöhnlich eine Kniebeuge machen. Für den evangelischen Christen ist mit Abschluß des Gottesdienstes das Abendmahl und darin die besondere Gegenwart Christi, an die auch er glaubt, voll und ganz vorbei. Die Kirche ist vor allem Versammlungsraum der Gemeinde – und daher im Notfall auch viel leichter für „fremde“ Zwecke zu haben als ein katholischer Kirchenraum: von Konzert- und Theateraufführungen bis zu politischen Demonstrationen.

5. Und auch dies: Das Wort kann man nur lesen oder hören, der äußere Rahmen tut da kaum etwas zur Sache. Ein Sakramentsgottesdienst ist eine *Feier*. Und der widerspricht es, sie wie eine belanglose alltägliche Verrichtung zu vollziehen. Also muß festlicher Schmuck, besondere Festkleidung, ein besonderes Zeremoniell her, das das Unalltägliche des Ereignisses unterstreicht. So gehört zur „Kirche des Sakramentes“ immer auch ein wenig „Prunk“. Der ist zwar im Zuge der Zeit arg gestutzt worden. Aber so viel ist doch geblieben, daß sich ein katholischer und ein evangelischer Gottesdienst schon vom äußeren Rahmen her ganz beträchtlich unterscheiden.

2. Historische Zusammenhänge

Fast magische Vorstellungen ...

Die neue Betonung des Wortes bedeutete nicht Abwertung, sondern Aufwertung des Sakramentes. Dies wurde schon festgestellt. Luther hat das zunächst in bezug auf das Bußsakrament durchgedacht und klargestellt. Wieso Aufwertung?

Die herrschende Theologie und die entsprechende seelsorgliche Unterweisung der Gläubigen behaupteten: Nur wenn der Sünder mit hinreichender Reue zum Bußsakrament hinzutritt, das heißt: wenn er seine Sünde *aus Liebe zu Gott bereut* und entsprechende Vorsätze der Besserung faßt, dann bringt ihm der Empfang des Bußsakramentes und die Lossprechung durch den Beichtvater die Vergebung Gottes. Luther und seine Freunde waren religiös feinfühlig genug, zu wissen, daß dann nie ein sündiger Mensch der Vergebung Gottes gewiß werden kann. Denn nie kann ein Sünder sicher sein, ob er auch wirklich hinreichend aus Liebe zu Gott und nicht aus weniger lauteren Motiven, zum Beispiel aus Furcht vor göttlicher Strafe, seine Sünden bereut hat. In *dieser* Situation betont Luther ganz entschieden: Die Lossprechung des Beichtvaters gilt *unbedingt.* Wer sie hört, hört darin Gottes Zuspruch selber. Wer daran zweifelt, erklärt Christus für einen Lügner. Denn Christus hat gesagt: „Alles, was ihr auf Erden lösen werdet, das wird auch im Himmel gelöst sein" (Mt 16,19; 18,19). Uns diese Gewißheit zu vermitteln, dazu ist das Sakrament da, dieses ist gleichsam das Wort Gottes selbst in Gestalt einer Handlung, die Handlung ist „Brief und Siegel" darauf, daß Gottes Wort gilt. Vom Bußsakrament her haben die Reformatoren dann den Grundgedanken vom „Wort in Gestalt einer Handlung" auf die anderen Sakramente, vor allem auf das Herrenmahl übertragen.

... und eine schlimme Praxis

Auf der anderen Seite waren in der vorreformatorischen Kirche mancherlei ungute Praktiken eingerissen, die in der Tat den Eindruck erwecken konnten, Sakrament und Wort hätten nichts miteinander zu tun, ja Sakrament und Glaube seien getrennte Dinge. Allen Ernstes haben manche Christen geglaubt, es komme nicht auf den persönlichen Glauben, auf das feste Vertrauen auf Gott an, sondern darauf, soviel wie möglich und streng nach den Regeln der Kirche Sakramente zu empfangen. Bestimmte Formeln, die ursprünglich einen ganz anderen Sinn hatten, spielten eine unheilvolle Rolle, etwa die Formel: Das Sakrament wirkt „durch seinen Vollzug selbst" (ex opere operato) – also unabhängig vom persönlichen Glauben, diesen gar ersparend. Oder: Das Sakrament teilt dem die Gnade Gottes mit, „der keinen Riegel vorschiebt" (qui non ponit obicem) – also dem, der einfach gar nichts tut. So (miß-)verstanden, hat das Sakrament offenbar nichts mit dem Wort Gottes und dem Vertrauen darauf zu tun. Es hilft nichts, wenn wir heute dies als praktisches Mißverständnis und mißbräuchliche Praxis durchschauen und feststellen, daß es so nicht offizielle Lehre der Kirche und auch nicht die der großen Theologen war – in den Augen zahlloser schlecht informierter Gläubiger war es so und mußte es so sein.

Seltsam genug: Trotz Fehlverständnis und entarteter Praxis waren die Sakramente doch nicht, wie wir das heute gewohnt sind, zumindest als Ideal ansehen, Mittelpunkt des Gemeindelebens. Der in der alten Kirche stets deutliche Zusammenhang zwischen Bußsakrament und Gemeinde war durch die Entwicklung der Einzelbeichte zerrissen. Zudem hatte die immer kompliziertere Ausgestaltung der Bedingungen für Erteilung und Empfang der Lossprechung in der Einzelbeichte diese zum Problem zwischen dem einzelnen Beichtenden und seinem Beichtvater gemacht, dessen Verschwiegenheitspflicht garantierte, daß die Gemeinde als solche nie mit dem Bußsakrament und dem Bußfertigen zu tun bekam. Ganz zu schweigen von der unglaublichen Kommerzialisierung des Bußwesens (Stichwort: Ablaßsystem), in die das Beichtinstitut am Vorabend der Reformation geraten war.

Gleichzeitig war aber auch nicht etwa die Eucharistiefeier ein Mittelpunkt des Gemeindelebens. Denn sie war ja eine reine Klerikerliturgie geworden, weit ab vom „Volk“, unter Umständen im Hochchor oder hinter dem Lettner für dieses unsichtbar, dazu in lateinischer Sprache gefeiert. Die einfachen Christen „wohnten der Messe bei“, bekamen auch etwas erklärt, was da vor sich ging, aber sie „feierten“ sie nicht. Und wiederum griff der Geschäftssinn nach dem Sakrament. Die Messe galt als ein „Opfer“, ja – für uns heute unbegreiflich – als ein *zusätzliches* Opfer, das das Opfer Jesu Christi am Kreuz „ergänzte“. Als solches war es von *begrenztem* Wert, konnte und mußte also, so dachten es sich die schlichten Gemüter und wurden selten eines Besseren belehrt, so häufig wie möglich für alle erdenklichen „Anliegen“ bei Gott „eingesetzt“ werden. Und daß dies geschah, darauf konnte man sich wiederum mit Geld einen Rechtsanspruch bei einem Priester erwerben – und dieses Geld wurde der Lebensunterhalt für Scharen nachgeborener Söhne aus Adel und Mittelstand, deren „Berufstätigkeit“ darin bestand, sozusagen den ganzen Tag Messe zu lesen – „Meßstiftungen“ dafür gab es ja genug.

Erst das Konzil von Trient (1545– 1563) hat, unter dem Eindruck der reformatorischen Angriffe, diesem Treiben ein Ende gesetzt.

Freude am Wort

Einen Lichtblick in dieser traurigen spätmittelalterlichen Situation gab es doch – gerade ihretwegen: eine neue Freude am Wort Gottes. Die junge Buchdruckerkunst wurde sogleich ausgenutzt, lange vor Luther, die Bibel in volkssprachlichen Übersetzungen unters Volk zu bringen, allgemein verständliche Kommentare und „Lesepredigten“ (sog. „Postillen“) zu veröffentlichen und überhaupt die religiöse Unterweisung der Christen zu verlebendigen. In manchen Städten richtete man Predigerstellen („Prädikaturen") ein, deren Inhaber regelmäßig predigen mußten – außerhalb des Sakramentsgottesdienstes und in Konkurrenz zu ihm. Historisch gesehen, dürfte man also die Formel, von der wir ausgingen, auch so formulieren: Die Kirchen der Reformation sind die Kirche des neu verstandenen Sakramentes, die römisch-katholische Kirche ist die Kirche auf dem Weg zur Reform der Verkündigung des Wortes Gottes.

Man kann sich daher den befreienden Impuls für eine erneuerte Frömmigkeit nicht groß genug vorstellen, als die Reformatoren, Luther voran, mit der alten biblischen Wahrheit auftraten: Der Glaube lebt vom Wort Gottes und nur von ihm. Darum ist „das Wort allein" das Mittel, durch das Gott mit uns zu unserem Heile handelt, und alles andere, vor allem die Sakramente, sind „Heilsmittel" nur, sofern Gott in ihnen sein Wort uns leibhaft auf den Kopf zusagt. „Allein die Ohren sind die Organe eines Christenmenschen", so hat es schon der junge Luther ausgedrückt (*M. Luther,* Hebräerbrief-Vorlesung 1517/18, zu Hebr 10,5: WA 57 (Heb), 222,7). Er bündelt damit in origineller Weise „in der Luft liegende" Tendenzen seiner Zeit und unmittelbaren Vorzeit. Nur in Stichworten:

– Luther kann an die predigtfreudigen Strömungen des Spätmittelalters anknüpfen – schon vor seinem Konflikt mit Rom wird er zusätzlich zu allen anderen Aufgaben Prediger in seiner Klosterkommunität und bald auch in der Pfarrkirche, und das letztere ist er zeitlebens geblieben.

– Man kennt wieder die alten Sprachen, ist also nicht mehr auf unsichere Übersetzungen der Bibel angewiesen, schon gar nicht auf herkömmliche Auslegungen; man kann sich selbst sein Urteil bilden – übrigens auch über die Sakramente selbst, denn sieben, so die Reformatoren, können es jedenfalls nicht sein, wenn die Schrift *eindeutig* nur von zweien redet.

– Darum empfindet man die Bindung an den wortwörtlich geltenden Bibeltext (im Unterschied zu uns) keineswegs als Einengung. Im Gegenteil: Die neue Begeisterung für die Bibel, ihr Studium mit neuen Methoden wurde zum

Befreiungserlebnis, weil dadurch klar wurde, wie weit sich die Kirche von ihren maßgebenden Ursprüngen entfernt hatte und wie wenig man einfach hinnehmen mußte, was sie tat.

– Und trotzdem hatten die Sakramente in den sich formenden reformatorischen Kirchen darunter nicht zu leiden, im Gegenteil, sie wurden nun erst ganz neu den einfachen Gläubigen wieder nahegebracht. Die Liturgie wurde in die Muttersprache übertragen, jeder konnte nun verstehen, was mit dem Sakrament zu seinem Heil gemeint ist. Die Gemeinde, nicht mehr der Priester für sich allein, wurde zum Subjekt des Gottesdienstes, die einfachen Christen durften nun und sollten gar im Gottesdienst mitbeten und mitsingen. Begnadete Dichter und Komponisten, auch Luther unter ihnen, stellten ihre künstlerische Begabung bald in den Dienst der kirchlichen Sache.

– Nur in den Gemeinden reformierten Bekenntnisses verlief die Entwicklung etwas anders – zuungunsten des Sakramentes. Dies hängt mit dem anderen Sakramentsverständnis vor allem bei Zwingli und Calvin zusammen, die mehr die personale Gegenwart Christi in ihnen und ihren sinnbildlichen, zeichenhaften Charakter betonen, in dem der Glaube, der unabhängig vom Sakrament da sein muß, zum Ausdruck kommt. Eine solche Sakramentsauffassung hatte zwar auch (vergessene) altkirchliche Wurzeln, aber konfrontiert mit den massiv-dinglichen Sakramentsvorstellungen in der damaligen Volksfrömmigkeit, wirkte die reformierte Sakramentslehre im Unterschied zur lutherischen zunächst als radikaler Abbau. Hinzu kommen die stärkere Betonung der Gemeinde und auch die größeren ihr vorbehaltenen Kompetenzen (z. B. im Bereich der Kirchenzucht). So ist es, sehr vereinfacht gesagt, dahin gekommen, daß die calvinistisch-reformierten Gemeinden noch mehr als die lutherischen „Kirche des Wortes“ wurden und bis heute geblieben sind.

Die katholische Reaktion auf diese Wortbegeisterung in der reformatorischen Bewegung war, wie sie nach Lage der Dinge nicht anders zu erwarten war. Eine Kirche, die nicht begriff, daß die neue Bewegung etwas anderes war als die vielerlei Reformbewegungen im Mittelalter, die immer in der Sektenbildung endeten, wehrte auch diesmal zunächst alles ab und bekräftigte das Bestehende – wenn auch unter möglichstem Abbau eklatanter Mißstände. Eine Kirche also, die sich noch immer im Besitzstand glaubte, verteidigte diesen.

So hat man nun zum Beispiel in der Sakramentslehre nicht etwa die altkirchlichen und mittelalterlichen Ansätze eines worthaften Verständnisses der Sakramentshandlung reaktiviert und damit den Reformatoren „den Wind aus den Segeln genommen", nein im Gegenteil: Man betonte nun gerade die wort*fernen* Elemente der Sakramente, speziell ihre „Wirksamkeit" auf Kosten ihres Zeichencharakters – und verstärkte dadurch gerade den Eindruck, den die Reformatoren ohnehin schon hatten, nämlich nach kirchlicher Lehre bewirkten die Sakramente das Heil, ohne daß man sich dazu die Anstrengung des Glaubens antun müsse. Das Sakrament also fast als ein magischer Ritus! Die Häufigkeit des Sakramentenempfangs in der nachreformatorischen Kirche kannte daraufhin zwar in den folgenden Jahrhunderten durchaus ein extremes Auf und Ab – von der wöchentlichen, manchmal täglichen Beichte bis zur Beichte einmal im Jahr, vom sonntäglichen Meßbesuch mit jährlich einmaligem Kommunionempfang bis zur täglichen Teilnahme an der Eucharistie und jedesmal mit Zutritt zur Kommunion. Grundsätzlich aber waren der Auffassung, die mehr eine Stimmung als eine begründete Meinung war, Tür und Tor geöffnet: Je mehr Sakramentenempfang, desto besser, denn auf jeden Fall geschieht dem Gläubigen, der sie empfängt, etwas Gutes.

Die Überbetonung des Sakramentes geschah durchaus auf Kosten der Predigt. Es ist noch in unserem Jahrhundert nicht so lange her, daß auch am Sonntag bestimmte Messen zu bestimmten Zeiten – selbstverständlich nicht alle – grundsätzlich ohne Predigt gehalten wurden und gegebenenfalls eben deswegen von den Gläubigen gern besucht. Ebenso ist es nicht von ungefähr, daß jetzt erst, nach der Reformation, jene ausufernde Eucharistiefrömmigkeit einsetzt, die keinen Bezug zum eucharistischen Mahl mehr erkennen läßt und eben deswegen evangelischen Christen ein Ärgernis ist: von den Hochaltären in den Barockkirchen, die zu riesigen Monstranzen wurden, bis zu manchen problematischen Formen der Fronleichnamsprozession.

Und schließlich: Jetzt erst, nach der Reformation, bekommt in der Kirche Roms die lateinische Liturgie jene starre, alles bis ins kleinste festlegende Gestalt, die zum Erkennungszeichen des Katholischseins wurde: ein großartiges, von vielen Zeitgenossen immer noch bewundertes Mysterienspiel mit zahlreichen verteilten Rollen, vor allem in seiner Hochform, dem „Hochamt", Anregung für große und größte Kunstwerke der bildenden Kunst und der Musik, also etwas zum Anschauen und Anhören, aber nichts weniger als der Gottesdienst der Gemeinde.

Die Großtat des Konzils

Es könnte freilich sein, daß das Zweite Vatikanische Konzil mit der Liturgiereform und der Einführung der Muttersprache eine ökumenische Großtat vollbracht hat, deren Ausmaße und Folgewirkungen uns erst allmählich aufgehen. Denn woran soll man jetzt zum Beispiel eine katholische Sonntagsmesse von einer in der Hochform (Agende Ib) gefeierten lutherischen Abendmahlsliturgie noch abgrenzen, wenn sich selbst die Melodien des liturgischen Gesangs gleichen, wenn, vor allem im Ausland, lutherische Pastoren wieder liturgische Gewänder tragen, die sich von vereinfachten Formen katholischer nachkonziliarer liturgischer Gewänder kaum noch unterscheiden, und wenn ökumenisch gesinnte evangelische Pastoren gelegentlich sogar Texte aus der erneuerten katholischen Liturgie benutzen?

Theologen mögen es noch verhältnismäßig leicht finden, die Unterschiede im beiderseitigen *Verständnis* von dem, was man da im Gottesdienst tut, darzulegen. Gemeindeerfahrung können diese Unterschiede bei so frappierender äußerer Ähnlichkeit freilich kaum noch werden.

Mit einem Wort, und fürchten wir uns nicht vor diesem klaren Satz: Trotz der aufgezählten Fakten und historischen Zusammenhänge ist es mit dem Gegensatz „Kirche des Wortes" gegen „Kirche des Sakramentes" heute nun doch vorbei, zumindest insofern, als damit einem jeden Christen in beiden Kirchen bei ein wenig Nachdenken und ein wenig aufmerksamer Beobachtung *der ganze Konfessionsgegensatz* klarwerden könnte. Darum ist es jetzt an der Zeit zu fragen:

3. Sakramente – Quellen des christlichen Lebens?

Keine Abgrenzung

Der Gegensatz ist vorbei. Was bleibt, sind Unterschiede. Man darf ja über dem evangelisch-katholischen Gegensatz eines nicht vergessen: Auch innerhalb der römisch-katholischen Kirche gab es in Verständnis und Praxis der Sakramente immer noch *unterschiedliche Akzente* und sozusagen *unterschiedliche Frömmigkeitsstile.* Am eindrucksvollsten wird dies deutlich in der Gegenwart der unierten Ostkirchen innerhalb der römisch-katholischen Kirche, die, anders als die westliche Theologie und Kirche, ihren Gottesdienst nicht so sehr verstanden als Zuwendung der Frucht des Kreuzesopfers Jesu an den einzelnen in der Gemeinschaft, sondern als eine Art ahnungsvoller Teilnahme der irdischen Kirche am Gottesdienst, der von Ewigkeit zu Ewigkeit im Himmel gefeiert wird. Und im Bereich der römisch-katholischen Kirche selber gibt es sogar heute noch gute katholische Christen, deren Gefühle bei der Feier der Liturgie nicht besonders höher schlagen, die aber mit Hingebung den Fragen nach dem Zeugnis der Bibel, der unverfälschten christlichen Lehre, der Bewährung des Glaubens in der Welt nachhängen – und das gilt umgekehrt für evangelische Christen. Es gibt, so kann man sagen, in diesem Sinne katholische Protestanten und evangelische Katholiken. Die das ökumenische Anliegen tragenden Gruppen in beiden Kirchen sind diejenigen, die auf beiden Seiten den sachlichen Unsinn des Gegensatzes zwischen „Kirche des Wortes" und „Kirche des Sakramentes" begriffen haben. Das sind denn auch diejenigen, bei denen hinsichtlich der Selbstverständlichkeit des sonntäglichen Gottesdienstbesuches kein Unterschied festzustellen ist, auch ganz ohne Kirchengebot.

Sollen die Sakramente für die Christen in allen Kirchen zur Quelle christlichen Lebens werden, gegebenenfalls neu zu seiner Quelle werden, dann ist von vornherein klar, daß die *Hauptaufgabe nicht die der Abgrenzung* sein kann, schon gar nicht einer mit Zurückweisungsdrohungen verbundenen Abgrenzung. Die Geschichte der Sakramentspraxis und der – Jahrhunderte später erst voll entfalteten – Sakramentslehre lehrt uns, wie vielfältig getönt derselbe, durch Bibel und kirchliche Tradition bezeugte Sakramentsgottesdienst gefeiert und verstanden werden kann. Das dramatischste Beispiel dafür ist das Verständnis des Herrenmahls schon im Neuen Testament: Wir haben in den Evangelien des Matthäus, des Markus, des Lukas und im 1. Korintherbrief des Apostels Paulus insgesamt vier Darstellungen der Stiftung des Herrenmahls durch Jesus – die Bibelwissenschaftler belehren uns, daß alle vier Darstellungen bereits die Textgestalt urchristlicher Herrenmahlgottesdienste repräsentieren und: alle vier erkennbar mit einem jeweils anderen Schwerpunkt des Verständnisses! Das gleiche gilt erst recht für die nachfolgende Geschichte der Liturgie und der theologischen Reflexion auf die Sakramente. Da fällt es schwer, mit der Absicht ausschließender Abgrenzung *ein* bestimmtes Sakramentsverständnis und die ihm entsprechende Praxis – wir reden hier selbstverständlich nicht mehr von der „Praxis" am Vorabend der Reformation! – für unchristlich oder auch nur weniger christlich zu erklären. Wer die *Abgrenzung* verteidigt, trägt die Beweislast, nicht wer für die Möglichkeit des Einklangs eintritt.

Fruchtbare Unterschiede

Absage an bloße Abgrenzung bedeutet nicht Übersehen der Unterschiede. Aber statt zur Abgrenzung sollen sie zur *Bereicherung* dienen. Und das nicht nur im Sinne eines unverbindlichen „So könnte man es auch sehen!", sondern in der ernsthaften Überlegung, wo die Anregung aus der anderen Kirche zur Verbesserung der eigenen sakramentalen und liturgischen Praxis und der entsprechenden Texte beitragen kann. In der Liturgiereform nach dem Zweiten Vatikanischen Konzil gibt es dafür in der römisch-katholischen Kirche ein schönes Doppelbeispiel: die Einfügung der Anrufung des Heiligen Geistes im Hochgebet vor dem Einsetzungsbericht verdankt sich deutlich einer Anregung durch die ostkirchliche Liturgie, während die Gemeindeakklamation: „Deinen Tod, o Herr, verkünden wir, und deine Auferstehung preisen wir, bis du kommst in Herrlichkeit", eindeutig einem Anliegen des reformatorischen Sakramentsverständnisses Rechnung trägt – und im übrigen auf Paulus zurückgeht (1 Kor 11,26).

Auch die in der katholischen Kirche etwas ängstlich nach dem Konzil häufig gestellte Frage: *„Ist unsere Liturgie noch feierlich?"* läßt sich im Blick auf die außerkatholischen Traditionen des Sakramentsverständnisses und der liturgischen Praxis leicht beantworten: Die Liturgie ist um so „feierlicher", die Sakramente werden um so „schöner" gefeiert, je mehr die ganze Gemeinde – mit verteilten Rollen – nicht nur dabeisteht, sondern aktiv teilnimmt. Nicht der Prunk des Kirchenraumes, nicht die Vielzahl der Altardiener, nicht das künstlerische Niveau der mehrstimmigen Meßkomposition bestimmt den Grad der Feierlichkeit, sondern das fröhliche und ernste Beten, Singen, Hören, Nachdenken und Tun der ganzen Gemeinde, die die ganze Welt, ihre Not wie ihre Erfolge in den Gottesdienst hineinnimmt und alles andere, was sie an Möglichkeiten hat, damit zu verbinden weiß, aber eben auch entbehren kann, wenn die Umstände nicht so günstig sind.

Das Zweite Vatikanische Konzil hat nicht nur die ökumenische Großtat der Liturgiereform in die Wege geleitet, es hat auch in der Sache *theologische Klärungen* bekräftigt, die die katholische Theologie zum Thema „Wort und Sakrament" seit langem vorbereitet hatte. Zwei Hinweise sollen für viele stehen: Das „Wort" der Verkündigung ist in der erneuerten Liturgie nicht mehr oder weniger entbehrliche Hinführung zum „eigentlichen" Geschehen des „Meßopfers", es ist der eine von den beiden „Tischen", die der Herr uns in der Eucharistiefeier deckt: Der „Tisch des Wortes" steht neben dem „Tisch des Sakramentes". Der andere Hinweis: Im Dekret über den Dienst und das Leben der Priester (Nr. 4) wird als oberste Amtsaufgabe des Priesters die Wortverkündigung hingestellt – und erst viel später im Text ist von der Verwaltung der Sakramente die Rede, und das so, daß die Sakramente als eine Ausdrucksform der Verkündigung erscheinen: im Prinzip ein ur-reformatorischer Gedanke.

Sakramente – Feiern des Glaubens

Auf ähnliche Weise sind auch alle gegenreformatorischen Besorgnisse vorbei, wenn man die Bedeutung des *Glaubens* im Sakramentsgeschehen betone, dann gerate man auf die schiefe Bahn eines subjektivistischen Sakramentsverständnisses, bei dem die unzerstörbare, „objektive" Stiftung Christi, die in sich selbst gültig ist, zu mehr oder weniger beliebigen Zeichen des Glaubens der Christen werde. Diese Angst beruht nicht nur auf einem Mißverständnis der reformatorischen Sakramentslehre (auch noch der Zwinglis und Calvins), sondern auch auf einer einseitigen Auslegung der katholischen Tradition in dieser Sache. Ein Sakrament ohne Glaube, ohne Hingabe des Empfängers an den im Sakrament handelnden Herrn ist kein *Sakrament.* Man schützt und betont die Würde des Sakramentes nicht, wenn man sein Wesen allein von der Stiftung Christi her betrachtet und den Glauben des Empfängers, buchstäblich seine aktive Empfangsbereitschaft, ausklammert. Vielmehr läuft man dann Gefahr, das Sakrament letztlich als magischen Ritus zu verstehen und dadurch erst recht zu entehren. Man kann sagen: Die *sinnbildliche Handlung* im Gottesdienst ist als der Kirche vorgegebene Stiftung Christi unzerstörbar, hat ihr Heilsangebot und darin ihre Würde in sich selbst. Aber *Sakrament* wird sie erst, indem sie in Glaube und Hingabe empfangen wird.

Übrigens kann man auch an der Frage nach der verpflichtenden *Zahl* der Sakramente heute nicht mehr den Konfessionsgegensatz so festmachen, wie man zuweilen gemeint hat. Niemand bestreitet heute ernsthaft, daß allein die Sakramentshandlungen der Taufe und des Herrenmahls im Neuen Testament *eindeutig* bezeugt sind – während sich bei den anderen Sakramenten Andeutungen der Bibel und geschichtliche Entwicklungen miteinander verbunden haben, und das keineswegs nur auf unrechtmäßige Weise. Im ganzen kann man sagen: Auch die katholische Theologie versteht Taufe und Herrenmahl als die beiden Grundsakramente. Firmung, Buße (Beichte) und Krankensalbung haben sich aus diesen Sakramenten ausgegliedert und bleiben auf sie bezogen. Ehe und Amtsweihe (Ordination) aber hat die katholische Kirche immer in einem anderen Sinne als „Sakramente" verstanden als bei den anderen „Sakramenten", nämlich nicht als in eine Handlung gekleidete Zusage des Evangeliums zur Vergebung der Sünde und zur Mitteilung der Gemeinschaft mit Gott, sondern als Beauftragung und Geistbegabung für die Erfüllung einer Berufsaufgabe in der Kirche. Ein solch flexibler Gebrauch des Begriffes „Sakrament" ist zulässig, weil an dem *Wort* „Sakrament" sachlich nichts hängt: Es ist als solches nicht biblisch, und als Sammelbegriff für jene besonderen gottesdienstlichen Handlungen der Kirche wird es erst seit der Theologie des Mittelalters selbstverständlich.

Am Verhältnis von *Sakrament und Wort* braucht außerdem der Konfessionsgegensatz nicht mehr in letzter, alles -

beherrschender Schärfe aufzubrechen, weil auch die evangelische Kirche und Theologie erkannt haben, daß ihre faktische Art, „Kirche des Wortes“ zu sein, zumindest in den letzten beiden Jahrhunderten nicht frei von Verkürzungen war. Evangelische Theologie und Kirche bemühen sich heute nicht nur um eine Wiederbelebung der Beichte, eine sachgemäße Neugestaltung der Konfirmation, eine Rückgewinnung der Krankensalbung, eine selbstkritische Überprüfung ihres Verständnisses von Ehe und Amtsweihe im Licht der Anfragen seitens der katholischen Theologie. Viel wichtiger ist: Sie haben eine einseitige und zuweilen „düstere“ Ausrichtung des Sakramentsbegriffs allein auf die individuelle Vergebung der Sünde für den Sakramentsempfänger durchbrochen und entdecken neu den Charakter des Sakramentes als Fest und Feier. Zuweilen werden dabei mit beeindruckender Kreativität neue Formen entwickelt, die den Katholiken geradezu neidisch machen können, vor allem deswegen, weil auch die neuen Formen wie in einer inneren Nötigung immer wieder die Grundmuster der nun schon bald zweitausend Jahre alten christlichen Sakramentsgottesdienste prägend durchscheinen lassen – schönstes Zeugnis dafür, daß die „Kirche des Wortes“ nicht mehr eine wortferne „Kirche des Sakramentes“ braucht, um abgrenzend ihr eigenes Profil zu gewinnen, ihre „Identität“ unter Beweis zu stellen, daß vielmehr die Sakramente Quellen christlichen Lebens sind, die für *beide* Kirchen Wasser genug enthalten.

Die entscheidende Differenz?

Zum Amtsverständnis in den Kirchen

Von Johannes Brosseder

1. Lehrdifferenzen in der Amtsfrage seit der Reformationszeit

Die Lehre vom Amt in der Kirche gehörte bis zum II. Vatikanischen Konzil mit zu den Lehren, die zwischen der römisch-katholischen Kirche und den Kirchen der Reformation als die strittigsten angesehen wurden. Das hing mit den theologischen Auseinandersetzungen um den Rechtfertigungsglauben im 16. Jahrhundert zusammen, die – neben vielem anderen – auch unmittelbare Konsequenzen für das Verständnis von Kirche und Amt hatten. Diese Auseinandersetzungen führten im 16. Jahrhundert in der Lehre vom Amt zu gegensätzlichen Festlegungen, deren Einseitigkeiten sich im weiteren Verlauf der Geschichte noch verschärften, die aber als solche heute besser als damals durchschaut werden können; vielfach können die gegensätzlichen Festlegungen als zueinander komplementär erklärt werden, gelegentlich erscheint derselbe Sachverhalt aus der Gegensätzlichkeit der ihn anzielenden Perspektiven, seltener verbleiben Gegensätzlichkeiten, von denen aber noch nicht ausgemacht ist, ob sie notwendigerweise kirchentrennend sein müssen. In den ganzen Auseinandersetzungen der Reformationszeit bis tief in unser Jahrhundert hinein hat aber so gut wie keine Rolle gespielt, daß trotz der zahlreichen überlieferten Lehrdifferenzen im Überlieferungsstrom selbst grundliegende Gemeinsamkeiten erhalten geblieben sind, die aus konfessionspolemischen Gründen nicht für erörterungswürdig befunden worden sind; diese aber bilden auch heute die Basis einer kirchlichen Verständigung über das Amt in der Kirche und tragen so zur Entschärfung der konfessionellen Gegensätze bei.

In der Reformationszeit ging es in der Amtsfrage um folgende Probleme (DS 1763–1778; Bekenntnisschriften der evangelisch-lutherischen Kirche; Heidelberger Katechismus; Calvins Institutio). Ausführlich werden sie jetzt erörtert in dem vom ökumenischen Arbeitskreis evangelischer und katholischer Theologen herausgegebenen Band „Lehrverurteilungen – kirchentrennend?“ (Freiburg–Göttingen 1986), auf den hier Bezug genommen wird.

1. Gegenüber der Einengung des Amtes auf den Begriff des Opferpriesters (Sacerdos) und dessen Gewalt (potestas) für die Darbringung des „eucharistischen Opfers“, betonte die Reformation den Vorrang der Predigt des Wortes Gottes, der sie den Auftrag der Sakramentsverwaltung zuordnete, und wandte sich gegen ein Opferpriestertum, weil sie die Auffassung des Abendmahls als Meßopfer, als Werk des Menschen, als (unblutige) Wiederholung und Ergänzung des einen Opfers Christi ablehnte.

2. Gegenüber der im Mittelalter ausgebildeten Zweiständelehre („weltlicher Stand“ – „geistlicher Stand“), die in Verbindung mit dem mittelalterlichen Ordo(=Ordnung)-Begriff den weltlichen Stand als niederen, den geistlichen als den höheren, dem deshalb auch der weltliche Stand unterworfen war, beschrieben hatte, betonte die Reformation, daß es in der christlichen Kirche nur den *einen*, „geistlichen Stand“ aller Getauften geben könne, von Getauften, die ihrerseits mit unterschiedlichen Charismen begabt, je verschiedene Aufgaben in der Kirche zur Auferbauung des Leibes Christi wahrzunehmen hätten, wobei die besondere Stellung des Amtes beibehalten, aber nun unter Ablehnung der überkommenen „Zwei-Stände-Lehre“ neu beschrieben wurde.

3. Die römisch-katholische Lehre bezeichnet die Ordination als ein Sakrament, die Reformation lehnt diese Bezeichnung ab, wenngleich sie auch gelegentlich (Melanchton) dann zugelassen wurde, wenn das Amt als Dienst an Wort und Sakrament begriffen würde. Die Ablehnung der Bezeichnung der Ordination als Sakrament geschieht unter Berufung auf den zwar damals noch relativ jungen (Hoch-

scholastik) und von der Reformation geteilten gemeinsamen Sakraments*begriff*, eine Berufung, die aber zur Kritik am überlieferten Sakraments*verständnis* führte: Die Einsetzung durch Jesus Christus und das mit der Handlung verbundene sündenvergebende Verheißungswort sah man bei der Ordination als nicht gegeben, sondern nur bei Taufe und Abendmahl; diese Einsicht führte auch in Trient zu einer differenzierteren Fassung des Sakramentsverständnisses (DS 1603).

4. Auch die Wirkung der Ordination war umstritten. Die Tradition lehrte, daß mit dem Sakrament der Ordination ein eigener „character sacramentalis" verliehen würde, wie dies auch bei Taufe und Firmung der Fall sei, weshalb auch sie – wie Taufe und Firmung – nicht wiederholt würde. Die Reformation sah hierin die Behauptung eines gegenüber dem Laien höheren geistlichen Gnadenstandes der Ordination gegeben, weshalb sie diese Lehre unter Verweis auf die Allgemeinheit der Taufgnade ablehnte. An der Einmaligkeit der Ordination hat auch sie festgehalten, ebenso an dem Gebet um die Gabe des Geistes bei der Ordination.

5. Strittig war auch die theologische Qualität der Gliederung des kirchlichen Amtes in Bischof, Priester, Diakon. Ist die Dreigliedrigkeit des überlieferten Amtes göttlichen Rechtes oder ist sie es nicht? Das Konzil von Trient spricht zwar nicht von einer göttlichen Einsetzung der Stufung des dreigliedrigen kirchlichen Amtes, sondern nur von einer göttlichen Anordnung. Die Reformation hat aber, obwohl sie den Unterschied von Pfarramt und Bischofsamt als Sache der kirchlichen Ordnung und nicht der göttlichen Anordnung begriff, am Bischofsamt festzuhalten versucht. Unter Berufung auf die ursprüngliche Einheit des Bischofs- und des Priesteramtes hat sie in der durch die Kirchenspaltung für die reformatorischen Gemeinden entstandenen Notlage Ordinationen durch schon Ordinierte durchgeführt, um die Gemeinden mit Pfarrern zu versorgen.

6. Durch das im bisherigen Erörterte, wurde auch die Frage nach der apostolischen Sukzession neu gestellt. Sachlich ging es in ihr um die Frage, ob die bischöfliche

Sukzession die Apostolizität der Kirche konstituiert (so ein weit verbreitetes Verständnis der apostolischen Sukzession), oder ob sie deren Ausdruck und daher prinzipiell als apostolische Sukzession der Ortskirche im apostolischen Glauben anzusehen ist.

7. Schließlich wurde die Papstfrage strittig entschieden, die allerdings nur als Exkurs zur theologischen Amtsfrage anzusehen ist, da mit dem Papstamt selbst keine Ordination verbunden war und ist, und dieses Amt nicht selbst der klassischen Dreigliedrigkeit des kirchlichen Amtes subsumiert werden kann.

Das in der Reformationszeit gegensätzlich Entschiedene zeigt, wie vielfältig die Sachfragen zum kirchlichen Amt waren; es zeigt darüber hinaus, wie vieles in der Lehre zum kirchlichen Amt als nicht geklärt und deshalb als diskussionswürdig angesehen werden muß. Die Diskussionswürdigkeit der in der Reformation gestellten Sachfragen ist aber weitgehend erst vom II. Vaticanum anerkannt worden. Seine Präsentation der Lehre vom Amt greift zahlreiche reformatorische Positionen auf. Erst im Anschluß an das II. Vaticanum konnte ein sinnvolles Lehrgespräch zwischen evangelischer und katholischer Kirche beginnen; das bisher Erörterte und offiziös Erreichte wird im folgenden darzustellen versucht, wobei gleichzeitig die Richtung angegeben wird, in der bisher noch nicht ausreichend Geklärtes auf den Weg einer Verständigung gebracht werden könnte.

2. Das Amt in der Kirche: eine zentrale oder eine sekundäre Frage?

Das „Amt in der Kirche“ gehört einerseits zu den Themen der christlichen Theologie, der ihr Hauptaugenmerk zu gelten hat, andererseits aber auch zu den Themen, die keineswegs diese Aufmerksamkeit beanspruchen können. Was ist hierzu zu sagen?

1. Gegenüber der Gottesfrage, der Christologie, der So-

teriologie, der Lehre vom Hl. Geist, der Eschatologie, gegenüber dem Evangelium, dem Handeln Gottes in der Geschichte, dem Kreuz Jesu Christi, der Vergebung der Sünden und den vielfältigen damit verknüpften Fragen sowie gegenüber der Frage nach dem menschlichen Handeln usw. ist die Frage nach dem Amt in der Kirche, wenn sie bezogen wird auf die Frage nach der Verfassung, Struktur und Ordnung der Kirche, theologisch-sachlich eine Frage von untergeordneter Bedeutung. Dennoch kann nicht übersehen werden, daß im Binnenraum z. B. der römisch-katholischen Kirche wie auch im ökumenischen Gespräch der Kirchen die Amtsfrage, sofern sie als Frage nach der Verfassung, Struktur und Ordnung der Kirche begriffen wird, ein Gewicht bekommen hat, das ihr „von Amts wegen" nicht zukommt.

2. Keinesfalls sekundär ist die Amtsfrage freilich dann, wenn in ihr die Frage nach Amt und Auftrag der Kirche gestellt ist. Dann nämlich wird gefragt, wozu Kirche überhaupt da ist und was sie mitten in Raum und Zeit zu tun hat. Die Antwort auf diese Frage lautet schlicht: Es ist Amt und Auftrag der Kirche, mitten in unserer Lebenswelt das Evangelium lebendig zu bezeugen und es *so* durch die Jahrhunderte hindurch weiterzugeben, zu überliefern. Dies ist Amt und Auftrag der ganzen Kirche und aller ihrer Glieder zu jeder Zeit und an jedem Ort, entsprechend den Gaben und Fähigkeiten jedes einzelnen Gliedes und entsprechend der ganzen Vielfalt der Bezeugungsmöglichkeiten der Kirche in Gebet, Gottesdienst, Diakonie, Praxis, Leben, Lehre, Zeugnis. Dies ist die wahre und wahrlich nicht „sekundäre" theologische Dimension der Amtsfrage. In dieser Frage nach Amt und Auftrag der Kirche im Dissens zu verharren, wäre in der Tat Grund genug, die Kirchentrennung auch weiterhin aufrechtzuerhalten. In dieser essentiellen Glaubensfrage stimmen aber die Kirchen theologisch grundlegend überein, wie die vielen ökumenischen Dokumente zum Amt der Kirche übereinstimmend zeigen. Die Kirche steht und fällt mit dem „Amt" der lebendigen Bezeugung und Weitergabe des Evangeliums; das zu tun, ist

ihr *göttlicher* Auftrag. Im Evangelium liegt auch ihr eigener göttlicher Ursprung, der ihr deshalb bleibend vorgeordnet, dem sie selbst nach- und untergeordnet ist; das Evangelium kommt von Gott und nicht aus der Kirche. Kirche ihrerseits ist „Ergebnis" des Wortes Gottes. Die Weitergabe und Bezeugung des Evangeliums ist die Aufgabe *aller* in der Kirche. Es steht daher nicht in der Macht und im Belieben der Kirche, das „Amt" zu haben oder nicht, d.h. die „Predigt" des Evangeliums zu tun oder zu unterlassen, weil das Kirchesein der Kirche von der Wahrnehmung dieses Amtes und Auftrags abhängt.

3. Das Verhältnis des Priestertums aller Gläubigen zum Amt in der Kirche

Allen Christen ist die Weitergabe und Bezeugung des Evangeliums anvertraut. Durch die Taufe haben alle Christen teil am Priestertum Jesu Christi. Unter dieser Rücksicht gibt es keinen Unterschied zwischen Ordinierten und Nichtordinierten, da Teilhabe am Priestertum Jesu Christi keine quantitative (und deshalb auch nicht in unterschiedlichen Teilhabemengen oder -graden zu quantifizierende), sondern eine qualitative Größe ist. Deshalb sind alle Christen „wahrhaft geistlichen Standes"; Christen können – theologisch gesehen – sich nicht in einem unterschiedlichen, eine geringere oder größere Nähe zum Heil in Christus implizierenden niederen oder höheren „Stand" innerhalb der Kirche befinden, eine Vorstellung, die sich nach einer langen Entwicklung in der Ausbildung der Redeweise von „geistlichem Stand" und „weltlichem Stand" herausgebildet hatte.

Die in der Reformation und durch sie gefundene neue – und doch schon biblische – Lösung für das Verhältnis vom Priestertum aller Gläubigen und dem Amt in der Kirche läßt sich folgendermaßen zusammenfassen: das Amt der Kirche, das Evangelium zu predigen, zu bezeugen und weiterzugeben, ist göttlichen Ursprungs. Es ist nicht aus dem allgemeinen Priestertum abzuleiten. Mit diesem Amt sind grundsätzlich alle Getauften betraut. Wer aber im Gottesdienst für die anderen diesen Dienst öffentlich versehen soll, das bestimmt „die Kirche“, die christliche Gemeinde. Der Prediger, obwohl er zugleich wie die anderen Hörer des Wortes ist, predigt im Gottesdienst an Christi Stelle. Zur Verdeutlichung sei gesagt, daß der von der Reformation verwendete Begriff der Predigt die Sakramente und deren Spendung einschließt.

Daß der Dienst der Verkündigung und Weitergabe des Evangeliums zu besorgen ist, liegt nicht in der Macht der Kirche, sondern ist ihr göttlicher Auftrag. *Wer* aber konkret diesen Dienst, der allen zukommt, *öffentlich* im Gottesdienst an Christi Stelle zu besorgen hat, das entscheidet die Kirche, indem sie dazu beauftragt, ordiniert.

Das II. Vatikanische Konzil stimmt in „Lumen gentium“ mit den Kirchen der Reformation über die grundlegende Bedeutung des allgemeinen Priestertums und dessen vielfältigen Auswirkungen für das Leben der Kirche überein. Weiter stimmt es mit den Kirchen der Reformation darin überein, daß das Amt der Kirche als solches auf göttlicher Stiftung beruht, nicht jedoch die menschlichen Ordnungen, in denen es seit alters ausgeübt wird (LG 28). Nicht strittig ist schließlich, daß für die öffentliche Wahrnehmung dieses Amtes die Kirche konkret beauftragt, ordiniert. Das Ordinationsverständnis, wie es in den Ordinationsformularen beider Kirchen zum Ausdruck kommt, ist der Sache nach identisch. Dennoch herrscht in den Texten des II. Vaticanums gelegentlich ein Sprachgebrauch, der auf kirchentrennende Differenzen schließen lassen könnte. So wird insbesondere die Redeweise als problematisch empfunden, daß das allgemeine Priestertum der Gläubigen und das „Priestertum des hierarchischen Dienstes“ sich dem Wesen und nicht bloß dem Grade nach unterschieden (LG 10). Die in unmittelbarem Anschluß an diesen Text gegebene *Erklärung* für den „Wesensunterschied“ erschöpft sich aber im wesentlichen in einer Beschreibung der unterschiedlichen (aber auch gemeinsamen) Funktionen im Vollzug des

Gottesdienstes. Die Unterschiede aber, die den Wesensunterschied darlegen sollen, beschreiben faktisch nur den Unterschied, den jedes öffentliche Amt mit sich bringt, so daß der Wesensunterschied in der Sache ein Amts- und Aufgabenunterschied ist. Genau das aber war die These der Reformation, so daß die Rede vom Wesensunterschied den in der Sache herrschenden Konsens begrifflich nicht wiedergibt, sondern ihn eher verstellt. Strittig zwischen den Kirchen ist – in diesem hier gegebenen Zusammenhang – sachlich bloß die Art und Weise der Bestellung der Amtsträger und die Ämterdifferenzierung. Da diese aber per definitionem nur menschliche und nicht göttliche Regelungen sind, dürfte das Strittige für eine Lösung durchaus offen sein.

4. Successio apostolica – Apostolische Sukzession

Von seiten der katholischen Kirche ist den evangelischen Kirchen traditionellerweise kritisch (und oft polemisch) vorgehalten worden, sie ständen nicht in der apostolischen Sukzession, weil sich ihre Ämter nicht in der apostolischen Sukzession des historischen Bischofsamtes befänden, die seit dem 3. Jahrhundert in den altkirchlichen Bischofslisten nachweislich vorhanden und für die diesem Zeitraum vorausliegende, bis auf die Apostel zurückreichende Zeit zu Recht als in derselben Weise gegeben gefolgert werden könne, so daß seit den Zeiten der Apostel deren Amt durch Gebet und Handauflegung im bischöflichen Amt seine Nachfolge gefunden habe und auf diese Weise die Apostolizität der Kirche konstituiert würde. In dieser Argumentation wird aber eine ganze Menge verschwiegen, das zur Entstehung und Ausbildung der evangelischen Kirchen maßgebend beigetragen hat.

1. Es wird übersehen, daß das Neue Testament, die norma normans non normata, das, was heute mit Amt der Kirche bezeichnet wird, nicht nur die erst in der Spätphase des Neuen Testaments sich entwickelnde bischöfliche

Strukturierung, sondern auch andere Verwirklichungsformen des Amtes der Kirche kennt, die ihrerseits noch lange über die Zeit der Abfassung der neutestamentlichen Schriften hinaus Bestand hatten, so daß von der Normativität des Neuen Testaments aus gesehen nicht nur einseitig mit der bischöflichen, sondern *grundsätzlich* mit einer pluralen Gestalt der Verwirklichung des Amtes der Kirche gerechnet werden kann und muß.

2. In der traditionellen katholischen Argumentation wird übersehen, daß in der Reformationszeit – formalrechtlich gesehen – die Bischöfe zwar in der apostolischen Sukzession standen, aber weitgehend mit allem möglichen, bloß nicht mit dem Evangelium beschäftigt waren. Die skandalöse Amtsführung der damaligen Bischöfe, die mit zahlreichen weltlichen Geschäften und oft mit der Durchsetzung des direkten Gegenteils des Evangeliums befaßt waren, hat wesentlich zum neuen Nachdenken über Apostolizität der Kirche und aufgrund katholischer Verweigerungen in der Sache der reformatorischen Anfragen zur Bildung und Entstehung eines eigenständigen evangelischen Kirchenwesens beigetragen. Dieses versuchte notgedrungen, ein so auch früher bekanntes, aber in dieser Schärfe sich erst in der Reformation stellendes Problem zu lösen: wie kann die Kirche als ganze in der Nachfolge der Apostel bleiben, wenn diejenigen, die sich als ihre Nachfolger bezeichnen, inhaltlich nicht die Lehre der Apostel weitergaben? Dabei schafften sie ihrerseits nicht das Bischofsamt als solches ab, sondern wollten die Bischöfe an die mit ihrem Amt verbundenen Pflichten erinnert sehen. Unter Rückgriff auf altkirchliche Realitäten – in der alten Kirche hatten die „Diözesen“, die Ortskirchen also, zahlenmäßig die Größe, die die heutigen wirklichen Ortskirchen, nämlich die Pfarrgemeinden haben – wurde dabei das Pfarramt als Bischofsamt verstanden.

3. In den Glaubensbekenntnissen bekennen wir alle die ganze Kirche als apostolische Kirche. Kirche als ganze ist dadurch *apostolische* Kirche, daß sie in der apostolischen Predigt verharrt und das Evangelium von Jesus dem Chri-

stus in Gottesdienst, Bekenntnis, Lehre und Praxis gelebten Lebens aus Glauben heraus überliefert. Wo das geschieht, ist apostolische Kirche, wo das nicht geschieht, ist sie eben nicht. Sinnfälliger *Ausdruck* dieses Sachverhalts ist die bischöfliche apostolische Sukzession. Bischöfliche Sukzession ist also – dogmatisch gesehen – nicht das *Konstituens,* sondern *Ausdruck* der Apostolizität der Kirche. Sie ist auch keineswegs die Garantie für das Bleiben der ganzen Kirche in der Nachfolge der Apostel, wie die Reformationszeit gezeigt hat. Gerade die Reformationszeit lehrt, daß man mit den Bischöfen die Apostolizität verfehlen wie man sie auch ohne Bischöfe wahren kann. Das aber heißt nun keineswegs, daß man Apostolizität der Kirche nur ohne Bischöfe wahren kann und mit Bischöfen sicher verfehlen wird. Aufgrund des Alters der bischöflichen Tradition müßte die in den gegenwärtigen ökumenischen Konsens- und Konvergenztexten von den Kirchen der katholischen Tradition eingebrachte Bitte nach Übernahme und Einführung des Bischofsamtes für die Kirchen der Reformation kein unüberwindliches Hindernis bei der Wiederherstellung der Gemeinschaft der Kirchen sein. Hierbei sei angeknüpft an das reformatorische Verständnis des Pfarrers als Bischof seiner Kirche oder Gemeinde und an die in den meisten evangelischen Kirchen gegebene presbyterale Sukzession. Da es aber nach katholischem Verständnis nur *ein* Sakrament des ordo gibt, können die verschiedenen Stufen dieses einen ordo (Ordination zum Bischof und Ordination zum Priester) nicht schlechterdings auseinanderfallen. Die Amtsfrage muß also im Zusammenhang des Nachdenkens über apostolische Sukzession, wenn man nur genau genug aufeinander hört, kein Hindernis auf dem Weg zur Wiederherstellung der Gemeinschaft der Kirchen sein, da wirkliche *dogmatische* Lehrgegensätze solcher Art, die die Kirchentrennung rechtfertigen können, nicht vorhanden sind.

5. Sakramentalität der Ordination

In der katholischen Kirche ist die Ordination ein Sakrament, in den evangelischen Kirchen nicht. Sehr wohl hatte aber Melanchthon in der Apologie der Confessio Augustana (Nr. XIII) zugestanden, daß die Ordination dann als ein Sakrament begriffen werden könne, wenn das Amt der Kirche nicht als Verlängerung des kultischen Opferpriestertums des Alten Testaments begriffen werde. Priestertum als Verlängerung des Opferpriestertums im alttestamentlichen Sinne vertrat aber unermüdlich Johann Eck, einer der wichtigsten Kontrahenten Luthers. Melanchthons Meinung hat sich aber in den evangelischen Kirchen nicht durchgesetzt. Für unseren Zusammenhang ist wichtig, daß trotz der strittigen Frage, ob die Ordination ein Sakrament genannt zu werden verdient oder nicht, in den Ordinationsformularen der evangelischen Kirchen und der katholischen Kirche dasselbe Ordinationsverständnis aufleuchtet: Die Kirche beauftragt zum Dienst am Wort. Sakrament (und Leitung) unter Handauflegung, Herabrufung des Hl. Geistes, Gebet, Fürbitte und Sendung, wobei in der Regel schon Ordinierte andere ordinieren unter *konstitutivem* Beteiligtsein der versammelten Gemeinde, die ihrerseits im katholischen Gottesdienst ein Einspruchsrecht gegen den zu ordinierenden Kandidaten hat, wie die diesbezügliche Frage des Bischofs an die zum Gottesdienst versammelte Gemeinde zum Ausdruck bringt, ob Bedenken und Einwände gegen den zu Ordinierenden erhoben werden. Ob nun ein Bischof ordiniert, ein Priester ordiniert oder sogar die Gemeinde ordiniert: die dogmatisch *entscheidende* Grundfigur ist immer dieselbe: *„die Kirche“* beauftragt jemanden konkret, den Dienst an Wort und Sakrament (und darin und dadurch zur Gemeindeleitung) für sie öffentlich zu versehen. Dabei ordiniert auch nach katholischem Verständnis der Bischof nicht als schon ordinierte Privatperson, sondern als Repräsentant der Ortskirche, die jemanden zum Dienst im Amt der Kirche öffentlich beauftragt.

6. Dreigliedrigkeit des Amtes

Seit alters her ist das Amt der Kirche in dreigliedriger Gestalt überliefert: Diakon, Priester, Bischof. Der Papst gehört in diese Rubrik nicht hinein, da dieses Amt nicht mit einer eigenen Ordination verbunden ist. Ob diese Dreigliedrigkeit göttlichen oder menschlichen Rechts ist, ging aus den Texten des Trienter Konzils nicht eindeutig hervor (DS 1765). Das II. Vaticanum hat die dogmatische Seite dieser Frage eindeutig gelöst, indem es festgestellt hat (vgl. Lumen Gentium Nr. 28): Das Amt der Kirche als solches allein ist göttlichen Rechtes, nicht jedoch seine überkommene dreigliedrige Ausübung: „So wird der aus göttlicher Einsetzung kommende kirchliche Dienst in verschiedenen Ordnungen ausgeübt von jenen, die schon seit alters Bischöfe, Priester, Diakone heißen (vgl. LG 28). Daß auch nach reformatorischem Verständnis das Amt der Kirche „divinitus institutum" ist, trennt unter dieser Rücksicht also katholische und evangelische Christen nicht, wie schon erörtert wurde.

7. Zölibat

In der breiten Öffentlichkeit wird der bedeutsamste Unterschied zwischen evangelischen und katholischen Amtsträgern in der verheirateten bzw. zölibatären Lebensweise gesehen. In der Regel leben die Amtsträger der evangelischen Kirche verheiratet, in der katholischen Kirche leben alle Amtsträger im Zölibat. Allerdings ist hier sofort eine Einschränkung zu machen: Es gibt neben dem unverheirateten auch den verheirateten Diakon. Und in den mit Rom unierten Kirchen ist – wie in den orthodoxen – der normale Seelsorgeklerus ebenso verheiratet, während nur die Bischöfe, die deshalb auch aus dem Mönchtum genommen werden, unverheiratet, zölibatär leben, da sie schon als Mönche die Jungfräulichkeit gelobt haben. Dogmatisch gesehen ist das Zölibat menschlichen und nicht göttlichen Rechts. Wenn die Kirche wollte, könnte sie es jederzeit –

dogmatisch gesehen – abschaffen. Ein zwingend kirchentrennender *Glaubensgegensatz* kann in dieser Frage auch von katholischer Seite nicht ausgemacht werden. Auch nach katholischem Verständnis sind verheiratete Amtsträger dogmatisch möglich.

8. Frauenordination

In vielen evangelischen Kirchen ist – oft nach langen Kämpfen – die Zulassung von Frauen zum Amt der Kirche durchgesetzt worden, in der römisch-katholischen Kirche nicht. Zwar hat das Lehramt der Kirche die Praxis der Frauenordination verworfen; doch hat es sich gehütet, dieser disziplinären Frage einen *grundlegenden dogmatischen* Rang zuzugestehen, wenngleich nicht wenige Gründe biblischer, historischer und halbdogmatischer Art angeführt werden. Jesus war ein Mann; die meisten Apostel waren Männer; das geschichtlich Zufällige des Anfangs bestimmt die künftige Struktur der christlichen Kirche; Schöpfungsrechte können hier nicht reklamiert werden (usw. usw.) Aber alle diese Gründe, so respektabel sie im einzelnen sein mögen, können dogmatisch nicht wirklich überzeugen, so daß in dieser Frage zwar eine ins Auge springende Differenz in der Kirchenordnung, nicht aber eine wirkliche *Glaubens*-differenz zwischen katholischen und evangelischen Christen ausgemacht werden kann. Wegen dieser Frage muß deshalb die Kirchentrennung nicht aufrechterhalten werden. Streng dogmatisch genommen, müßte auch in der katholischen Kirche Frauenordination möglich sein. Der Verzicht auf die Frauen im Amt der Kirche bringt die Kirche um einen Reichtum in der konkreten Wahrnehmung ihrer Ämter, dessen Notwendigkeit theologisch nicht legitimiert werden kann.

9. Exkurs: Jurisdiktionsprimat und Unfehlbarkeit des Papstes

Obwohl die Frage nach dem Amt des Papstes nicht in den engeren theologisch-dogmatischen Zusammenhang dessen hineingehört, was dogmatisch zum Amt der Kirche zu sagen ist, muß allein aufgrund des Gewichts dieser Frage doch auf das eingegangen werden, was in den Dogmen über den Papst sachlich artikuliert ist.

Die mit Jurisdiktionsprimat und Unfehlbarkeit des Papstes genannten Probleme trennen nach wie vor dogmatisch Katholiken und sämtliche andere Christen. Ob sie eine Gemeinschaft der Kirchen notwendigerweise hindern müssen, ist zumindest fraglich. Zur einseitigen Wiederaufnahme christlicher Abendmahlsgemeinschaft mit den orthodoxen Kirchen spielten diese Frage seitens der katholischen Kirche faktisch keine Rolle. Seitens der katholischen Kirche ist über den *Sinn* der Dogmen, der allein *Glaubens*gegenstand sein kann *(Sensus dogmatum tenendus est!)*, im Kontext der Tatsache, daß die anderen christlichen Kirchen auch von der katholischen Kirche als „Kirchen und kirchliche Gemeinschaften" seit dem II. Vatikanischen Konzil angesprochen werden, erneut und vertieft nachzudenken. Auf dem Hintergrund der neuzeitlichen Geschichte der Dogmen erschöpft sich auch für einen Katholiken der in diesen Dogmen vernommene Glaube nicht im *Wortlaut* dieser Dogmen, sondern ihr Sinn kommt erst ans Ziel im Zusammenhang der Anliegen, denen diese Dogmen dienen wollen. Ihr Anliegen ist dadurch gekennzeichnet, daß 1. die Christenheit als Ganzes in essentiellen Fragen des Glaubens (und der Sitten) ein und dieselbe Sache bekennen können muß (Unfehlbarkeit) und daß 2. keine weltliche Macht das Recht hat, Einfluß zu nehmen auf die Verkündigung des Evangeliums (z.B. durch Unterdrückung unangenehmer neutestamentlicher Passagen oder durch Absetzung von Geistlichen, die diese verkündigen); ebenso muß die Kirche ihre Ämter frei selbst besetzen können. Universale Einheit der Christen im Essentiellen und Freiheit der Christen in der Besorgung der Verkündigung des Evangeliums, das sind die in den Papstdogmen intendierten *Glaubens*gegenstände. Die *absolutistische Fassung* dieser Glaubensgegenstände ist dogmatisch nicht *konstitutiv* für katholisches Glaubensverstehen, sondern ist deren derzeit (noch?) gegebener konkreter *Ausdruck*. Könnten die *Intentionen* dieser Dogmen von allen Christen geteilt werden, dann könnte die Art und Weise, wie diese Intentionen heute am besten gesichert werden können, von allen Christen gemeinsam neu erarbeitet werden. Der Absolutismus könnte dabei durchaus preisgegeben werden, da der Sinn der Dogmen, der allein *Glaubens*gegenstand sein kann, von allen geteilt würde. In diesem Zusammenhang könnte auch ein neues Lehramtsverständnis sichtbar werden, in welchem zum Ausdruck käme, daß die *ganze* Kirche hörende Kirche ist und nur derjenige recht hört, der auf die Schwestern und Brüder in der eigenen Kirche wie auf diejenigen in allen christlichen Kirchen hört und sie an das eigene Ohr heranläßt. Aber schon vor der Regelung dieser Fragen könnte die Gottesdienstgemeinschaft in vollem Umfang wiederaufgenommen werden, wie die einseitige Wiederaufnahme der Abendmahlsgemeinschaft mit den orthodoxen Kirchen zeigt.

Einheit in der Vielfalt

Ökumenische Leitvorstellungen

Von Reinhard Frieling

Im folgenden Beitrag wird versucht, die verschiedenen Auffassungen über die Einstellungen zu den Konfessionen, auch zur Tatsache überhaupt, daß es das Christentum in getrennten Konfessionen gibt, etwas zu ordnen und somit Anhaltspunkte für die eigene Urteilsbildung zu bieten und Perspektiven für die Zukunft der Ökumene aufzuzeigen.

Neben emotionalen, rationalen und theologischen Zugängen zum konfessionellen Problem kann man drei verschiedene Bereiche unterscheiden, in denen sich jeweils „evangelisch und katholisch" unterschiedlich darstellt.

1. Gemeinsamkeiten und konfessionelle Gegensätze in der Volksmeinung

Vielen Christen erscheint heute die Frage nach der Konfession als überholt. Es interessiert nicht, was „katholisch" oder „evangelisch" ist, sondern was überhaupt „christlich" ist. Dieses Schwinden des konfessionellen Bewußtseins kann Ausdruck allgemeiner religiöser Gleichgültigkeit sein (dieser Aspekt braucht hier nicht entfaltet zu werden). Es kann aber auch ein Unverständnis gegenüber den Feinheiten theologischer Gegensätze bedeuten, die als inzwischen unnötiger Ballast der Geschichte angesehen werden. Es kann aber auch eine Konzentration auf das Wesentliche im Glauben anzeigen, das allen Christen gemeinsam ist.

Sätze wie „Wir haben alle denselben Gott" können also einerseits Gleichgültigkeit oder Unverständnis gegenüber konfessionellen und theologischen Unterscheidungen bedeuten, sie können aber auch zum Ausdruck bringen, daß katholische und evangelische Christen eine gemeinsame

Basis des Glaubens haben und daß diese Gemeinsamkeit wesentlicher ist als die noch verbleibenden Unterschiede. Rat- und machtlos gegenüber der konfessionellen Zersplitterung sagt man dann: „Wir sind im Glauben eins, aber in Kirchen getrennt.“ Oder: „Wir erfahren Einheit im Glauben *in* der Vielfalt oder *trotz* der Vielfalt der Konfessionen.“

In vielen konfessionsverschiedenen Familien und in ökumenischen Gruppen wird dann eine Einheit praktiziert, von der die Kirchenleitungen nur träumen können und die sie teilweise aufgrund bestehender Ordnungen zu unterbinden suchen, vor allem bei der Gottesdienst- und Abendmahlsgemeinschaft. Seit Jahren gibt es Konflikte zwischen „Basisökumene“ und „Amtsökumene“. Manch ökumenisch engagierter Christ zweifelt am guten Willen der Kirchenoberen, und mancher Oberkirchen- oder Ordinariatsrat ist besorgt über die Tendenz zu einer sogenannten Dritten (oder Vierten, Zwanzigsten) „Ökumenischen“ Konfession neben den traditionellen Kirchen.

Andererseits gibt es in vielen katholischen und evangelischen Gemeinden durchaus noch ein konfessionelles Bewußtseins. Bei den einen zeigt es sich ohne jedes „Anti-Gefühl“ als normales katholisches oder evangelisches Christsein, weil sich nach örtlicher Gegebenheit kaum interkonfessionelle Kontakte ergeben. Bei einer Reihe engagierter Gemeindeglieder gibt es freilich auch noch antikatholische und antiprotestantische Ressentiments; bei mehr Ökumene befürchtet man ein laues Christsein, eine Vergleichgültigung von Glaubenswahrheiten, kurz: Substanzverlust und beängstigende Preisgabe der eigenen kirchlichen Identität.

Als Ergebnis dieser gegensätzlichen Einstellungen hat sich in den letzten Jahren folgender Gesamttrend ergeben: Die katholischen und evangelischen Gemeinden sind aufgeschlossen für ökumenische Begegnungen, für mannigfache Zusammenarbeit und für gegenseitige Gastfreundschaft in den Gemeindekreisen, leben aber weithin ihr Eigenleben. Oft ist „Ökumene“ ein kirchliches Arbeitsgebiet neben anderen, das nur irgendwie Betroffene interessiert. Die Ökumeniker leiden unter diesem Zustand, die Gleichgültigen verweisen darauf, daß es heute wichtigere Fragen im Leben der Kirche gibt als das Aufarbeiten konfessioneller Verschiedenheiten.

Ist der so beschriebene Sachverhalt eine befriedigende „Einheit in der Vielfalt"? Oder müßte sich vom christlichen Glaubens- und Kirchenverständnis her hier grundsätzlich etwas ändern?

2. Theologischer Dialog und neue Gegensätze

Unter den Theologen beider Kirchen haben die in der Volksmeinung beschriebenen Einstellungen zum konfessionellen Problem durchaus ihre Parallelen, indem es ökumenische, antiökumenische und gleichgültige Tendenzen gibt. Aber alles in allem kann man feststellen, daß neben der Erfahrung von Glaubensgemeinschaft im Leben katholischer und evangelischer Christen, ihrer Familien und Gemeinden gerade die ökumenisch ausgerichtete theologisch-wissenschaftliche Arbeit wesentlich dazu beigetragen hat, daß aus dem jahrhundertelangen Gegen- und Nebeneinander der Konfessionen jetzt ein freundliches Miteinander geworden ist.

„Einheit in der Vielfalt" haben insbesondere die Bibelwissenschaftler und Historiker entdeckt. Bei den Dogmatikern hat sich neben der Konfessionskunde eine eigene theologische Fachrichtung mit den Namen „Ökumenische Theologie" oder „Ökumenik" entwickelt. Hier ist eine kirchengeschichtliche Neuheit zu verzeichnen: die Theologen sprechen sich nicht wie in der früheren Polemik hauptsächlich auf das hin an, was die Konfessionen voneinander unterscheidet, so daß dann rasch Ketzerhüte verteilt würden. Vielmehr heben sie die Gemeinschaft im Fundamentalen des Glaubens hervor und beleuchten von da her neu die verbleibenden konfessionellen Gegensätze. Diese werden kritisch befragt, ob sie kirchentrennend wirken müssen oder als Ausdruck einer legitimen Vielfalt in der einen Kirche Christi gelten können.

Zur Klärung dieser Frage tragen mannigfache historische und systematische Forschungen bei. Historiker weisen beispielsweise darauf hin, daß neben theologischen Fragen auch politische und kulturelle Faktoren bei der Entstehung der Konfessionen eine erhebliche Rolle gespielt haben. Das Zusammenfallen von religiösem Bekenntnis und politischem Bündnis prägte jahrhundertelang die konfessionelle Landkarte Europas. Theologische und nichttheologische Faktoren unterscheiden zu lernen, könne heute dazu verhelfen, die eigentliche Wahrheitsfrage im ökumenischen Gespräch besser in den Blick zu bekommen und Einheit in der Vielfalt zu entdecken.

Auch religionspsychologische, soziologische und anthropologische Beobachtungen sind beachtenswert. So fällt etwa auf, daß „idealtypisch" in allen Religionen und Weltanschauungsgemeinschaften sich ähnliche Frömmigkeitstypen wiederfinden, wie sie sich als Konfessionen in der Christentumsgeschichte entwickelt haben. Ganz grob skizziert kann man einen sog. „urbanisierenden" und einen „nomadisierenden" Typ im Katholizismus und im Protestantismus wiederentdecken, so daß sich also das Konfessionsspezifische nicht nur theologisch verrechnen und erklären läßt, sondern auch die theologischen Gegensätze von anthropologischen und sozialpsychologischen Voraussetzungen geprägt sind.

Neben der analysierenden Forschungsarbeit möchte die ökumenische Theologie freilich auch normativ wirken. Sie soll die alte „Kontrovers"theologie über die gegenwärtige „Konvergenz"theologie zu einer „Konsens"theologie führen, welche dann die Einigung der Kirchen legitimiert. Aus furchtbaren Kontroversen, welche zur Spaltung führten, werden durch besseres gegenseitiges Verstehen fruchtbare Kontroversen, Vielfalt in der Einheit. Etliche katholische und evangelische Ökumeniker sagen seit Jahren, theologisch sei heute eine hinreichende Einigung erreicht, um eine Kircheneinigung herbeizuführen. Die konfessionellen

Gegensätze hätten ihren kirchentrennenden Charakter verloren; sie seien nicht gravierender einzustufen als die theologische Vielfalt innerhalb jeder Konfession. Häufig schienen sich ja auch die „Konservativen“ und die „Progressiven“ in der katholischen und in der evangelischen Kirche jeweils einander näher zu stehen als der anderen Gruppe in der eigenen Konfession. Es sei nunmehr die Zeit für Entscheidungen der Kirchenleitungen gekommen.

Diesem Plädoyer von Ökumenikern in beiden Kirchen stehen freilich skeptische und widersprechende Äußerungen anderer Theologen entgegen. Sie halten die theologischen Konvergenzen je für sich zwar für bedeutsam und erfreulich, weil sie Einheit im Glauben dokumentieren, wo man früher Abgrenzungen und Trennungen vollzog. Aber daneben erkennen sie vor allem im Kirchen-, Sakraments- und Amtsverständnis unterschiedliche konfessionelle Grundhaltungen („Grunddissense“), welche Kirchengemeinschaft verhindern.

Was können angesichts solcher Gegensätzlichkeit in der Volksmeinung und in der Theologie die Kirchenleitungen tun?

3. Kirchenleitende Ökumene

Die Kirchenleitungen, die Wahrheit, Einheit und Frieden in der Kirche bewahren sollen, sorgen zunächst für „Einheit in der Vielfalt“ in der eigenen Konfession. Darüber hinaus gehört es sicherlich auch zu ihren Aufgaben, Entscheidungen für die interkonfessionelle Einheit in der Vielfalt zu fällen; aber es ist durchaus verständlich, daß Zurückhaltung geübt wird, wenn noch gegensätzliche theologische Urteile vorliegen und mehr Ökumene die Einheit in der eigenen Kirche gefährden würde. Vorwürfe der Ökumeniker, die Kirchenleitungen sicherten nur den konfessionellen Status quo, um die Macht ihrer Institution zu festigen, sind zwar oft emotional publikumswirksam, aber doch auch ungerecht.

Die Kirchen führen miteinander Lehrgespräche in offiziell eingesetzten Kommissionen. Und zwar auf verschiedenen Ebenen: Zwischen evangelischen Landeskirchen und katholischen Diözesen, auf nationaler Ebene zwischen Evangelischer Kirche in Deutschland und katholischer Deutscher Bischofskonferenz, auf globaler Ebene zwischen den konfessionellen Weltbünden und dem Vatikan. Ferner gibt es neben den bilateralen evangelisch-katholischen Dialogen die multilateralen Gespräche in der Arbeitsgemeinschaft christlicher Kirchen in Deutschland und beim Weltrat der Kirchen. Viele Ergebnisse dieser Kommission liegen den Kirchen zur Annahme („Rezeption“) vor. Dafür setzen die Kirchenleitungen wieder interne Kommissionen ein, um die Texte und ihre möglichen Konsequenzen für eine evangelisch-katholische Kirchengemeinschaft zu prüfen. Da in den ökumenischen Kommissionen häufig nur engagierte Ökumeniker mitwirken und nicht die Vielfalt theologischer Auffassungen repräsentiert ist, fällt die interne Prüfung wiederum kritisch aus, so daß eine „Rezeption“ lange auf sich warten läßt. Neue Kommissionen werden eingesetzt – und es besteht die Gefahr, daß die Ökumene sich als „Perpetuum mobile“ erschöpft. Der gegenwärtige Stand des evangelisch-katholischen Dialogs in Deutschland kann an der Arbeit der Gemeinsamen Ökumenischen Kommission (GÖK) verdeutlicht werden. Sie wurde 1980 nach dem Papstbesuch in Deutschland eingesetzt, um Fortschritte im Bereich der Seelsorge für konfessionsverschiedene Familien sowie für die Gottesdienst- und Abendmahlsgemeinschaft zu erzielen. Rasch wurde deutlich, daß hier nicht einfach Fragen des guten ökumenischen Willens, sondern Grundfragen des Kirchen- und Sakramentsverständnisses zur Debatte stehen und daß dabei die gegenseitigen Lehrverurteilungen in den Dogmen des Konzils von Trient und in den reformatorischen Bekenntnisschriften noch immer ein Hindernis für mehr ökumenische Gemeinschaft darstellen. Im Jahre 1986 legte die GÖK eine umfangreiche Studie vor, welche diese Verwerfungen des 16. Jahrhunderts differenzierter als früher zu sehen lehrt, so daß die GÖK die Kirchenleitungen bittet, „verbindlich auszusprechen, daß die Verwerfungen des 16. Jahrhunderts den heutigen Partner nicht treffen, insofern seine Lehre nicht von dem Irrtum bestimmt ist, den die Verwerfung abwehren wollte".

Solche „verbindliche Erklärung" steht nun in den Kirchen zur Diskussion. Wenn sie erfolgt, ist viel Ballast der Geschichte aus dem ökumenischen Weg geräumt. Aber da vorläufig nur die Themen Rechtfertigung, Sakramente und Amt, nicht jedoch etwa das Kirchenverständnis und die katholischen Dogmen des 19. und 20. Jh. über das Papstamt und über Maria erörtert wurden, darf man von einer GÖK-Rezeption noch nicht automatisch den Vollzug evangelisch-katholischer Kirchengemeinschaft erwarten.

Das klingt nüchtern, vielleicht sogar ernüchternd. Aber tatsächlich ist ohne dieses mühsame Aufarbeiten der Tradition kaum eine gemeinsame ökumenische Zukunft zu erreichen. Das heißt freilich nicht, daß nicht neben dieser Vergangenheitsbewältigung schon jetzt vielfältige evangelisch-katholische Zusammenarbeit möglich und nötig ist. Sie geschieht ja auch in nahezu allen kirchlichen Lebensbereichen: bei den Bibelwerken, in der Sozialarbeit, in der Entwicklungshilfe und beim gemeinsamen Zeugnis für Gerechtigkeit, Frieden und Bewahrung der Schöpfung. Die gemeinsamen Worte und Aktionen der Kirchen sind inzwischen so zahlreich, daß sie selbst für Fachleute kaum zu überschauen sind. „Einheit in der Vielfalt" ist heute ein Faktum, das vor dreißig Jahren kaum ein Christ zu erhoffen wagte.

4. Ökumenische Perspektiven

Doch wie kann und soll es weitergehen? Welche Gestalt kirchlicher Einheit streben die Konfessionen an? Wenn gegenseitig eine Gemeinschaft im Fundamentalen des christlichen Glaubens bescheinigt wird, müßte doch auch die Einheit sichtbar zu machen sein. Aber genau hier liegt das konfessionelle oder ökumenische Problem: Das Ziel der „sichtbaren Einheit“ wird in der evangelischen und in der katholischen Kirche unterschiedlich beschrieben.

Zugespitzt formuliert: Katholische und evangelische Christen sind eins im Glauben an denselben dreieinigen Gott, aber uneins darüber, was sie von sich selbst und ihren Kirchen und ihrer Einheit glauben sollen.

Es gibt evangelische Gruppierungen, welche die geistliche Gemeinschaft im Glauben als allein wichtig ansehen und die damit verbundenen rechtlichen und organisatorischen Fragen, auch die Formulierungen gemeinsamer Glaubensaussagen, für unwesentlich halten. Es setzt sich freilich auch in den evangelischen Kirchen immer mehr die Auffassung durch, über die Verbundenheit im Glauben und Handeln hinaus zu einer verbindlichen Kirchengemeinschaft zu gelangen. Die sog. „Kanzel- und Abendmahlsgemeinschaft“ muß aber nicht die Existenz selbständiger Konfessionen aufheben; eine einheitliche universale Einheitsinstitution wird im Protestantismus nirgends angestrebt.

Die römisch-katholische Kirche – wie übrigens auch die orthodoxen Kirchen – neigt hingegen zu einer Kirche ohne Konfessionen, zu einer einheitlichen Kirche, die zwar in sich mannigfaltige Glaubensformen zuläßt, die jedoch ihre Einheit sichtbar als eine institutionalisierte Gemeinschaft darstellt.

Im universalen Dialog der Kirchen steht das Ziel der Einheit mit drei Stichworten zur Diskussion: Konziliare Gemeinschaft, Versöhnte Verschiedenheit und Gemeinschaft mit dem Papst.

Konziliare Gemeinschaft

Der Ökumenische Rat der Kirchen hat in Nairobi 1975 versucht, als gemeinsames Ziel eine „Konziliare Gemeinschaft von Ortskirchen“ als Ziel zu beschreiben. Jede Ortskirche bekennt denselben apostolischen Glauben, die Christen empfangen die gleiche Taufe und feiern das gleiche Abendmahl, sie erkennen die Ämter gegenseitig an und stehen gemeinsam im Zeugnis und Dienst an der Welt. Untereinander sollen die Ortsgemeinden durch „konziliare Zusammenkünfte" der Einheit Ausdruck geben, und auf Weltebene soll ein Ökumenisches Konzil verbindlich für alle Christen sprechen. Nach diesem Modell gibt es als Endziel keine getrennten Konfessionen, ja gar keine Konfessionen im heutigen Sinne mehr. Dieses Ziel wird von Orthodoxen, Katholiken und Anglikanern besonders begrüßt.

Versöhnte Verschiedenheit der Konfessionen

Ergänzende Akzente setzte der Lutherische Weltbund mit dem Einheitsmodell „Versöhnte Verschiedenheit". Es „soll zum Ausdruck bringen, daß die konfessionellen Ausprägungen christlichen Glaubens einen bleibenden Wert besitzen, daß diese Verschiedenheiten aber ... ihren trennenden Charakter verlieren und miteinander versöhnt werden können zu einer verpflichtenden ökumenischen Gemeinschaft, die in sich auch konfessionelle Gliederungen bewahrt" (Vollversammlung in Daressalam 1977).

Es ist nicht nur an friedliche Koexistenz gedacht, sondern an wirkliche Kirchengemeinschaft, zu der Verkündigungs- und Abendmahlsgemeinschaft und auch gemeinsame strukturelle Ausdrucksformen gehören (etwa Ämteranerkennung, ein Ökumenischer Rat). Die katholische und die orthodoxe Kirche erkennen bei diesem Modell einige positive Elemente an, können jedoch die bleibende Existenz von Konfessionskirchen nicht akzeptieren.

Gemeinschaft mit dem Papst

Die römisch-katholische Kirche findet wesentliche Aussagen ihres Einheitsverständnisses in den Zielvorstellungen der „Konziliaren Gemeinschaft" wieder. Nach ihrer Auffassung kann die Kirche jedoch nicht ohne das päpstliche Amt der Einheit bestehen, das in Gemeinschaft mit dem Kollegium der Bischöfe wirkt. Sie erkennt durchaus das Wirken des Heiligen Geistes außerhalb ihrer Grenzen an, aber sie ist überzeugt, daß die von Christus gewollte und von allen Christen anzustrebende Einheit der Kirche in wesentlichen Grundzügen in der römisch-katholischen Kirche vorgezeichnet ist. Das Zweite Vatikanische Konzil formulierte im Ökumenismusdekret Nr. 3:

„Denn nur durch die katholische Kirche Christi, die das allgemeine Hilfsmittel des Heiles ist, kann man Zutritt zu der ganzen Fülle der Heilsmittel haben. Denn einzig dem Apostelkollegium, an dessen Spitze Petrus steht, hat der Herr, so glauben wir, alle Güter des Neuen Bundes anvertraut, um den einen Leib Christi auf Erden zu konstituieren, welchem alle völlig eingegliedert werden müssen, die schon auf irgendeine Weise zum Volke Gottes gehören."

Die Gemeinsame Synode der katholischen Bistümer in der Bundesrepublik Deutschland machte im Jahre 1975 weiterführende Aussagen, die sich dem Modell der Versöhnten Verschiedenheit näherten (Ökumene-Beschluß Nr. 4.33):

„Aus alledem ergibt sich, daß Spaltung und Trennung der Kirche widersprechen, zu deren Grundbestimmung die Einheit gehört. Es ist jedoch berechtigt, in der Vielheit der Traditionen der verschiedenen Konfessionen auch eine legitime Vielfalt zu erkennen und positiv zu werten. Die Synode hofft auf eine Entwicklung, in der bisher kirchentrennende Gegensätze abgebaut und überwunden und bisher getrennte Kirchen und kirchliche Gemeinschaften zu Trägern solcher Vielfalt der einen Kirche Jesu Christi werden. Aber die Kirche geht ihren Weg in Sünde und Schwachheit. Daher werden wir meist nur Zwischenziele ereichen. Der Glaube wird darüber weder ungeduldig werden noch resignieren, sondern sich die Aufgabe stellen, das heute Mögliche zu verwirklichen, um dadurch für morgen neue Möglichkeiten zu eröffnen."

Konziliare Gemeinschaft der Konfessionen mit, nicht unter dem Papst?

Die Worte der Würzburger Synode spekulieren zu Recht nicht über ein allseits befriedigendes Endziel, sondern fragen nach realistischen Zwischenzielen. Eine berechtigte „Vielheit der Traditionen der verschiedenen Konfessionen" setzt freilich die Preisgabe jeglichen konfessionellen Exklusivitätsanspruchs voraus.

Das bedeutet an die evangelischen Kirchen die Frage, ob sie auf eine Konziliare Gemeinschaft der Kirchen zugehen können, bei der die Gemeinschaft mit dem Papst eine besondere Rolle spielt.

Und an die römisch-katholische Kirche richtet sich die Frage, ob sie zu einer Konziliaren Gemeinschaft der Konfessionen „mit, aber nicht unter dem Papst" ja sagen können, d.h. ob ihr eine Einheit genügt, bei der die Dogmen des Ersten Vatikanischen Konzils über den päpstlichen Primat und die sog. Unfehlbarkeit des Papstes nur für die römisch-katholische Kirche, nicht aber für die anderen Kirchen gelten.

Zusammenfassend bleibt folgende Bilanz: Die Konfessionen werden vermutlich bleiben, aber die gegenseitigen Verketzerungen müssen unterbleiben, weil wir im Fundamentalen des Glaubens eins sind. Positiv ausgedrückt: Wenn eine evangelisch-katholische Einheitsinstitution nicht in Sicht ist, so ist doch nicht die Ökumene tot. Vielmehr gilt es, die vielfach erfahrbare und erfahrene Einheit im Glauben in den konfessionsverschiedenen Familien und in den Gemeinden, in den ökumenischen Gottesdiensten und im Zeugnis und Dienst vor der Welt zu vertiefen und gemeinsam zu artikulieren lernen. Es müssen dabei auch einmal mutig Schritte auf Hoffnung hin getan werden, die in Kirchenrechtsparagraphen noch nicht nachzulesen sind. Das ist kein Weg in die „Dritte Konfession", sondern Ausdruck der Einheit im Fundamentalen des Glaubens trotz der Vielfalt getrennter Konfessionen.

Nachwort

Von Heinz Glässgen

Das vorliegende Buch entstand aus Anlaß der gleichnamigen Fernsehreihe, die im Auftrag des Norddeutschen Rundfunks von „Eikon“ und „Tellux“ produziert wurde. Sieben 45-Minuten-Sendungen suchen im Sinne einer Bestandsaufnahme Antworten auf die Frage nach Gemeinsamem und Trennendem zwischen den beiden großen Konfessionen, zwischen evangelischer und katholischer Kirche. Nicht Ökumene galt es zu propagieren. Dies wäre seitens einer Rundfunkanstalt verfehlt und als Einmischung von außen mit Sicherheit auch unangemessen. Jedoch liegt es wohl im Bereich der Aufgaben eines Mediums der gesellschaftlichen Kommunikation und entspricht dem anerkannten Selbstverständnis des öffentlich-rechtlichen Rundfunks, Vorfindlichkeiten kritisch nachzugehen und sie so aufzuzeigen, daß sich der Zuschauer ein begründetes Urteil bilden, seine Wertungen vornehmen kann. Informationen zu bieten, Zusammenhänge aufzuzeigen, Bedingungen zu klären, Entwicklungen zu skizzieren, verschiedene Sichtweisen zusammenzutragen und einander gegenüberzustellen – dies sind die Ziele der Fernsehproduktion. Wenn beispielsweise der Zuschauer in einer spezifischen Lebenssituation und geleitet durch individuelle Interessen zu der Erkenntnis kommt, daß angesichts des Ausmaßes an Gemeinsamkeiten die Trennung ihre Aggressivität und Schärfe verliert, oder gar weitere – aus seiner Sicht vielleicht wünschenswerte – Annäherungen der Kirchen nicht aussichtslos erscheinen, so wäre ein solches Ergebnis mit Sicherheit legitim. Wenn gegenseitige Berührungsängste abgebaut würden und abgeebbte Gespräche neue Impulse erhielten, würde dies der Intention einer solchen Reihe ebenfalls nicht widersprechen. Und auch, wenn Unterschiede und ihre Begründungen besser verstanden beziehungsweise eingeordnet, auch relativiert werden könnten, wäre dies zweifellos ein willkommenes Ergebnis der Bemühungen. In erster Linie aber zielen die Sendungen darauf ab, vorhandene Kenntnisse in einem Bereich zu ergänzen, dem sich zumindest nominell die weitaus überwiegende Zahl der Menschen verbunden fühlt.

Die Absicht der Redaktion des NDR, die Zuschauer unter der gewählten Fragestellung an die aufgegriffenen Themen etwas näher heranzuführen und so möglicherweise zu einer verstärkten Bereitschaft der Kenntnisnahme und Auseinandersetzung beizutragen, wird durch das Erscheinen dieses Buches sehr unterstützt. Es bietet den Fernsehzuschauern die Chance, sich den Hauptthemen der Sendereihe durch die Lektüre eines Kapitels des Buches noch einmal zuzuwenden und so bezogen auf das einzelne Thema der Flüchtigkeit des Mediums Fernsehen zu begegnen. Nicht zuletzt wird die Fernsehserie, die trotz ihres Umfangs bei weitem nicht alle eigentlich notwendigen Aspekte berücksichtigen oder darstellen kann, durch die Beiträge renommierter Autoren wesentlich entlastet. Für ihre Mitwirkung und die Bereitschaft des Verlages, die Fernsehsendungen in dieser Weise zu begleiten und zu ergänzen, sei auch an dieser Stelle nachdrücklich gedankt.

Zu den Autoren

Johannes Brosseder, Dr. theol., geb. 1937, Professor für systematische Theologie am Seminar für Katholische Theologie an der Universität Bonn.

Reinhard Frieling, Dr. theol., geb. 1936, Direktor des konfessionskundlichen Instituts des Evangelischen Bundes in Bensheim.

Heinz Glässgen, Dr. theol., geb. 1943, Stellvertretender Leiter der Hauptabteilung Bildung beim NDR-Fernsehen, Leiter der Abteilung Philosophie, Religion und Psychologie.

Martin Honecker, Dr. theol., geb. 1934, Professor für Sozialethik und systematische Theologie an der Evangelisch-theologischen Fakultät der Universität Bonn.

Walter Kasper, Dr. theol., geb. 1933, Professor für Dogmatik an der Katholisch-theologischen Fakultät der Universität Tübingen.

Karl Kertelge, Dr. theol., geb. 1926, Professor für die Exegese des NT an der Katholisch-theologischen Fakultät der Universität Münster.

Bernhard Lohse, Dr. theol., geb. 1928, Professor für Kirchen- und Dogmengeschichte am Fachbereich Evangelische Theologie der Universität Hamburg.

Otto Hermann Pesch, Dr. theol., geb. 1931, Professor (kath.) für Systematische Theologie/Kontroverstheologie am Fachbereich Evangelische Theologie der Universität Hamburg.

Gregor Siefer, Dr. phil., geb. 1928, Professor für Soziologie an der Universität Hamburg.

Hans-Joachim Thilo, Dr. theol., geb. 1914, Professor für praktische Theologie (ev.), tätig als Psychoanalytiker in freier Praxis.

Ulrich Wilckens, Dr. theol., geb. 1928, Bischof, Professor für Neutestamentliche Theologie, seit 1986 Vorsitzender der nordelbischen Kirchenleitung.

Literaturauswahl

1. Grundlagen

Dokumente wachsender Übereinstimmung. Sämtliche Berichte und Konsenstexte interkonfessioneller Gespräche auf Weltebene, Paderborn-Frankfurt 1983).
Handbuch der Ökumenik, Band I, II, III/1, Paderborn 1985–1987.
Ökumene-Lexikon, 2. Auflage, Frankfurt 1987.
Handbuch der christlichen Ethik, Freiburg–Gütersloh 1986.
Martin Honecker/Hans Waldenfels, Zu Gast beim Anderen. Evangelisch-katholischer Fremdenführer, Graz–Wien–Köln 1983.
Peter Lengsfeld (Hrsg.), Ökumenische Theologie, Stuttgart 1980.
Peter Neuner, Kleines Handbuch der Ökumene, Düsseldorf 1984.

2. Ausgewählte Titel zu Einzelfragen

Um Amt und Herrenmahl. Ökumenische Dokumente zum evangelisch/römisch-katholischen Gespräch, Frankfurt 1974.
Das Amt im ökumenischen Kontext. Eine Studienarbeit des Ökumenischen Ausschusses der VELKD, Stuttgart 1980.
Beate und Jörg Beyer, Konfessionsverbindende Ehe, Mainz 1986.
André Birmelé – Thomas Ruster, Brauchen wir die Einheit der Kirche? (Arbeitsbuch Ökumene), Würzburg–Göttingen 1986.
André Birmelé – Thomas Ruster, Sind wir unseres Heiles Schmied? (Arbeitsbuch Ökumene 2), Würzburg–Göttingen 1987.
André Birmelé – Thomas Ruster, Vereint im Glauben – getrennt am Tisch des Herrn? (Arbeitsbuch Ökumene 3), Würzburg–Göttingen 1987.
W. G. Cole, Sexualität in Christentum und Psychoanalyse.
Oscar Cullmann, Einheit durch Vielfalt, Tübingen 1986.
Evangelium – Sakramente – Amt und die Einheit der Kirche. Die ökumenische Tragweite der Confessio Augustana, Freiburg–Göttingen 1982.

Heinrich Fries – Karl Rahner, Einigung der Kirchen – reale Möglichkeit, erw. Auflage, Freiburg–Basel–Wien 1985.
Heinrich Fries – Hermann-Otto Pesch, Streiten für die eine Kirche, München 1987.
Hermann Häring, Anerkennen wir die Ämter, Zürich–Einsiedeln–Köln 1974.
Karl Kertelge, Das kirchliche Amt im Neuen Testament, Darmstadt 1977.
Konfession – eine Nebensache? Hrsg. von der Landeszentrale für politische Bildung Baden-Württemberg, Stuttgart 1984.
Ulrich Kühn, Sakramente, Gütersloh 1985.
William H. Lazareth, Zusammenwachsen in Taufe, Eucharistie und Amt, Frankfurt 1983.
Lehrverurteilungen – Kirchentrennend? Rechtfertigung, Sakramente und Amt im Zeitalter der Reformation und heute, Göttingen–Freiburg 1986.
William J. Lederer – Don D. Jackson, Ehe als Lernprozeß. 1980.
Elisabeth Nölle-Neumann/Renate Köcher, Die verletzte Nation. Über den Versuch der Deutschen, ihren Charakter zu ändern, Stuttgart 1987.
Ökumenische Perspektiven von Taufe, Eucharistie und Amt. Hrsg. v. Max Thurian, Frankfurt 1983.
Karl Rahner, Vorfragen zu einem ökumenischen Amtsverständnis, Freiburg–Basel–Wien 1984.
Edward Schillebeeckx, Christliche Identität und kirchliches Amt, Düsseldorf 1985.
Gerhard Schmidtchen, Protestanten und Katholiken. Soziologische Analyse konfessioneller Kultur, Bern–München 1973.
Gerhard Schmidtchen, Was den Deutschen heilig ist, München 1979.
Ein Schritt zur Einheit der Kirchen. Können die gegenseitigen Lehrverurteilungen aufgehoben werden? Regensburg 1986.
Theodor Schneider, Zeichen der Nähe Gottes. Grundriß der Sakramententheologie, Mainz 1979.
Gregor Siefer, Sterben die Priester aus? Soziologische Überlegungen zum Funktionswandel eines Berufsstandes, Essen 1973.
Der Streit um das Amt in der Kirche, Regensburg 1982.
Hans-Joachim Thilo, Ehe ohne Norm? 1978.
Hans-Joachim Thilo, Sex – Liebe – Kinder. Familienplanung in der Ökumene.
Herbert Vorgrimler, Sakramententheologie, Düsseldorf 1987.
Zwei Kirchen – eine Moral? Regensburg 1986.

Glaube zum Leben

Das große Glaubensbuch für jeden engagierten Christen

„Der Titel gibt sehr präzise Inhalt und Absicht des Buches wieder. Es ist ein Glaubensbuch für die heutige lebendige Wirklichkeit ... Es kann Freude am Glauben wecken und viel und fundiert zum Verständnis des Glaubens beitragen. Auch als Grundlage vielfältiger Glaubensverkündigung und Glaubensorientierung kann es unschätzbare Dienste leisten." (Schweizerische Kirchenzeitung)

„Eine bemerkenswerte Alternative zum Katholischen Erwachsenenkatechismus ... ‚Glaube zum Leben' bedient sich einer Sprache, die aufhorchen läßt, Perspektiven eröffnet und ermutigt, weil sie zukunftsträchtige christliche Lösungsansätze umreißt." (Theologischer Literaturdienst)

„‚Glaube zum Leben' richtet sich an alle: an jeden aufgeschlossenen, fragenden und suchenden Menschen, der dem Christentum mit Neugierde gegenübersteht und mehr wissen will; an alle Christen, die ihren Glauben besser kennenlernen und vertiefen wollen und an alle Priester und Laien, die in der Glaubensverkündigung tätig sind."

(Bayerischer Rundfunk)

Die undogmatische Alternative:
Endlich ein Glaubensbuch, das jeder versteht.
Offen, engagiert, mutig und vor allem lebensnah.

Herausgegeben und bearbeitet von Günter Biemer
840 S., gebunden. ISBN 3-451-20494-0

Herder Freiburg · Basel · Wien